Art in Movement

Art in Movement
Ana Palacios

El arte para el cambio social en Uganda
Art for social change in Uganda

LA FABRICA | 20 AÑOS

Para todos los artistas en movimiento, protagonistas de este cambio; y para Raúl, el mago que hace los sueños realidad.

For all artists in movement involved in this change, and for Raúl, the wizard who makes dreams come true.

"Everyone has the right freely to participate in the cultural life of the community, to enjoy the arts and to share in scientific advancement and its benefits."

Article 27 of the Universal Declaration of Human Rights.
United Nations. Paris, 1948.

«Toda persona tiene
derecho a tomar parte
libremente en la vida
cultural de la comunidad,
a gozar de las artes y a
participar en el progreso
científico y en los beneficios
que de él resulten».

Artículo 27 de la Declaración Universal de los Derechos Humanos.
Naciones Unidas. París, 1948.

Miracles sometimes happen
Chema Caballero

All human beings have the right to be happy, but many are denied this, like so many of the children and young people that flood the streets of any African town.

Every morning, cities and villages in Africa wake up covered in a kaleidoscopic mass of uniforms worn by the boys and girls who attend all the different local schools. We make the distinction between the sexes because more and more girls are going to school. This is one of the many pieces of good news coming out of the continent.

Over recent decades, Africa has undergone huge changes in areas such as education, health and poverty reduction. Analysts praise the country's enormous economic growth and the appearance of a powerful African middle class that demands services and that is closely linked to the strengthening of democracy and the respect for human rights. However, the gap between rich and poor on the continent is becoming increasingly wider. This is made plain by the legions of unemployed young people who spend their day searching for something to eat, chatting on street corners and taking refuge in cheap home-made alcohol, as well as the hundreds of children who scrape out an existence on the streets.

We could say, then, that the colours of the uniforms also separate their wearers from those who do not have the chance to receive an education and who roam the pavements and roads selling, dealing, begging... Hundreds of under-age children abandoned to their fate who have to flee from police brutality and the fear of passers-by, forced to seek refuge in drugs or alcohol to alleviate their pain and loneliness.

One day, in the maelstrom of the big city, one of them might suddenly find someone who offers them an alternative, a second chance to start dreaming and be happy. This is what happens to Ugandan children and young people who are lucky enough to come across the NGO In Movement: Art for Social Change in their wanderings. These youngsters, through art and artistic creativity, manage to discover their many talents and explore them, work on them, promote them and see a new way of life in them.

It's not enough for In Movement to give them a hand, they have to accept it and grab hold of it, and taking that step, when their ability to trust, feel emotion or know they are loved has been completely destroyed, is a very difficult thing to do. Sometimes, life's knocks and troubles prevent them from making that decision, but the brave ones who cling to that opportunity find reasons for setting out along different paths.

Music, dance, circus, plus a wealth of other tools can become the spark that triggers the miracle. This book is proof.

Ana Palacios bravely immerses herself in the reality of these young Ugandans and conveys their nightmares and dreams through her wonderful photographs, giving them the chance to show us how they changed once they had the courage to take charge of their own lives.

We can be moved by reading about the efforts made by these youngsters to overcome adversity, we can admire them and even be indignant on their behalf. But we can (and should) also ask ourselves why these young people have had to live those kinds of lives; why from such an early age they have had to live with pain, exclusion, hardship; why their games and happy moments have consisted of being the best at cheating cold, hunger, violence, abuse and death. And afterwards? We should get involved in changing things.

Chema Caballero is blogger and aid worker

A veces los milagros suceden
Chema Caballero

Todos los seres humanos tenemos derecho a ser felices, pero a muchos se les niega esa posibilidad, como sucede con tantos de los niños y jóvenes que inundan las calles de cualquier población africana.

Cada mañana, las urbes y aldeas de África amanecen cubiertas por una multitud caleidoscópica de uniformes que diferencian los distintos colegios a los que asisten los alumnos y las alumnas. Distinguimos porque cada vez son más las niñas escolarizadas. Esta es una de las muchas buenas noticias que suceden en el continente.

En las últimas décadas, África ha experimentado grandes cambios en campos como la educación, la salud o la reducción de la pobreza. Los analistas elogian el gran crecimiento económico y el surgimiento de una potente clase media africana que demanda servicios y que tiene mucho que ver con el afianzamiento de la democracia y el respeto de los derechos humanos. Sin embargo, la distancia entre ricos y pobres es cada vez más grande en el continente. Sirvan como ejemplo las legiones de jóvenes desempleados que pasan el día buscando qué comer, charlando en las esquinas o refugiándose en el alcohol barato de fabricación casera. O los cientos de niños que sobreviven en las calles.

Podríamos decir, entonces, que los colores de los uniformes también separan a quienes los visten de aquellos que no tienen la posibilidad de recibir educación y recorren aceras y calzadas vendiendo, trapicheando, mendigando... Centenares de menores abandonados a su propia suerte que tienen que huir de la brutalidad de la policía y del miedo de los viandantes y se ven obligados a refugiarse en las drogas o el alcohol para sobrellevar el dolor y la soledad.

Puede suceder que, de pronto un día, entre la vorágine de la gran urbe, uno de ellos descubra a alguien que le ofrezca una alternativa, una segunda oportunidad para empezar a soñar y ser feliz. Como acaece a los niños y adolescentes ugandeses que tienen la suerte de encontrarse en su deambular con la ONG In Movement: Arte para el Cambio Social. Estos jóvenes, a través del arte y la creación artística, consiguen descubrir sus muchas posibilidades y explorarlas, trabajarlas, fomentarlas y ver en ellas una nueva forma de vida.

No basta con que In Movement les tienda una mano, ellos tienen que aceptarla y agarrarse a ella y eso, cuando les han destruido toda la capacidad de confiar, de emocionarse o de saberse queridos, es una decisión muy difícil. A veces, los palos y los sinsabores de la vida impiden dar ese paso; sin embargo, los valientes que se aferran a la oportunidad ofrecida encuentran razones para empezar a caminar por senderos nuevos.

La música, la danza, el circo, entre otras muchas herramientas, pueden convertirse en la chispa que provoque el milagro. Este libro es una muestra de ello.

Ana Palacios tiene el valor de sumergirse en la realidad de estos jóvenes ugandeses y a través de sus maravillosas fotografías plasmar sus pesadillas y sus sueños, dándoles, así, la oportunidad de transmitirnos el cambio experimentado una vez que reunieron el valor para tomar las riendas de sus vidas.

Nosotros podemos emocionarnos al conocer los esfuerzos de superación de los protagonistas, podemos admirarlos e incluso indignarnos por su suerte. Pero también podemos (y deberíamos) preguntarnos por qué estos jóvenes han tenido que vivir esas vidas, por qué desde muy temprano han tenido que convivir con el dolor, la exclusión, la privación, por qué sus juegos y alegrías han consistido en ser los mejores en burlar el frío, el hambre, la violencia, los abusos o la muerte. ¿Y después? Implicarnos en el cambio.

Chema Caballero es bloguero y cooperante

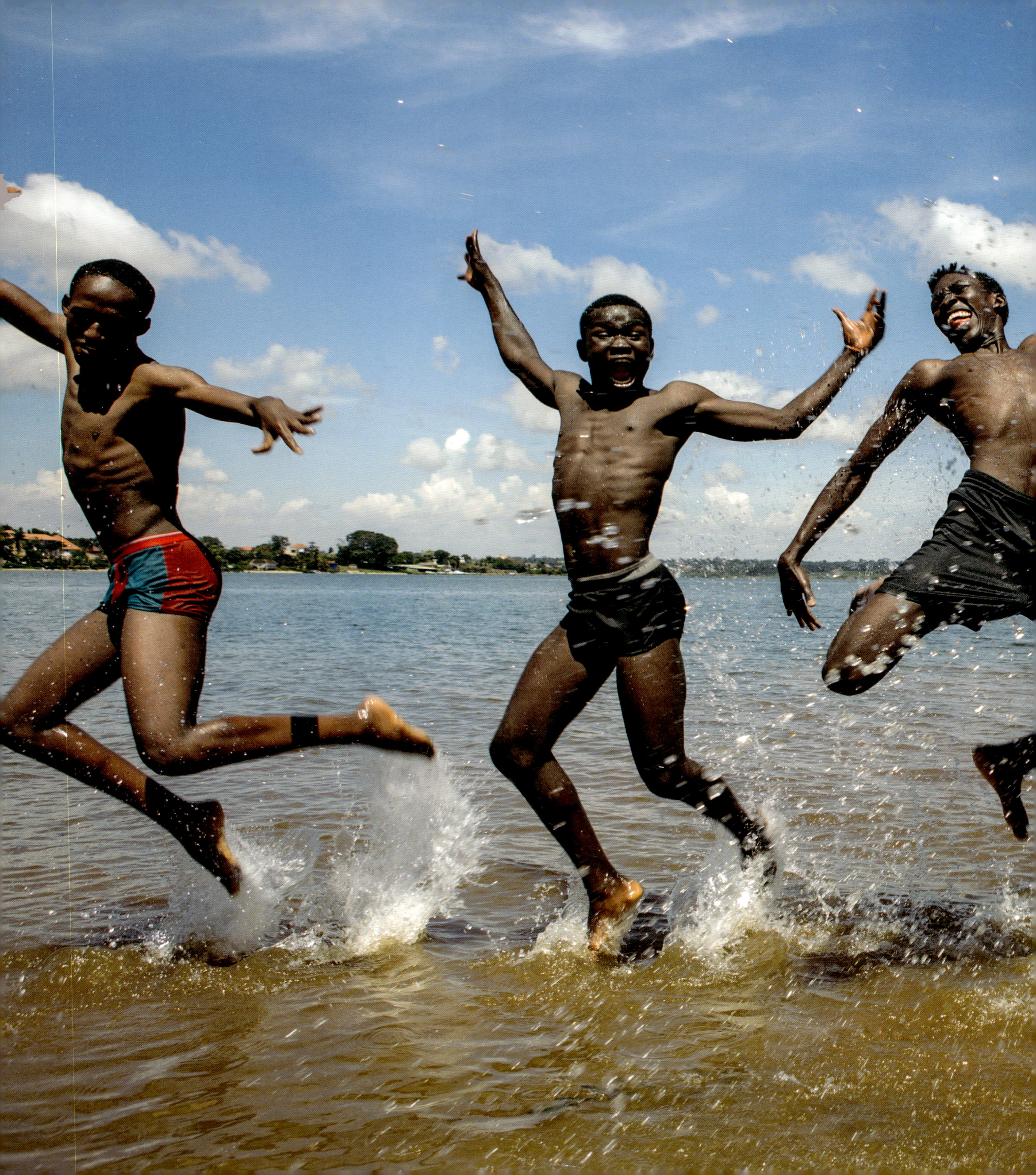

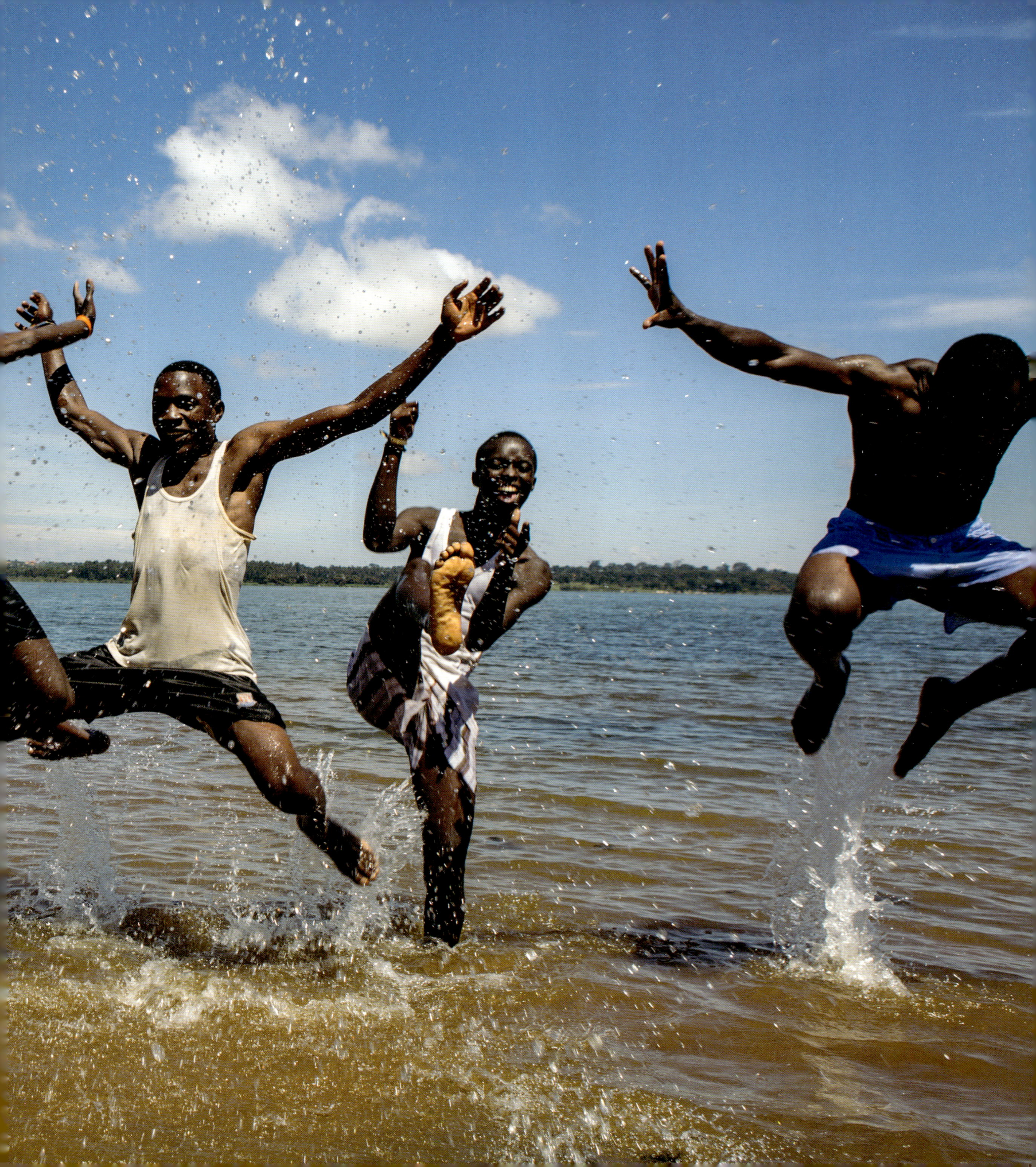

Chilhood & Poverty

In Kampala, the capital of Uganda, children and youngsters often take refuge in drug and alcohol consumption to evade poverty.

Infancia y pobreza

En Kampala, capital
de Uganda, es habitual
encontrar a niños y jóvenes
que se refugian en el
consumo de alcohol y
de otras drogas para huir
de la pobreza.

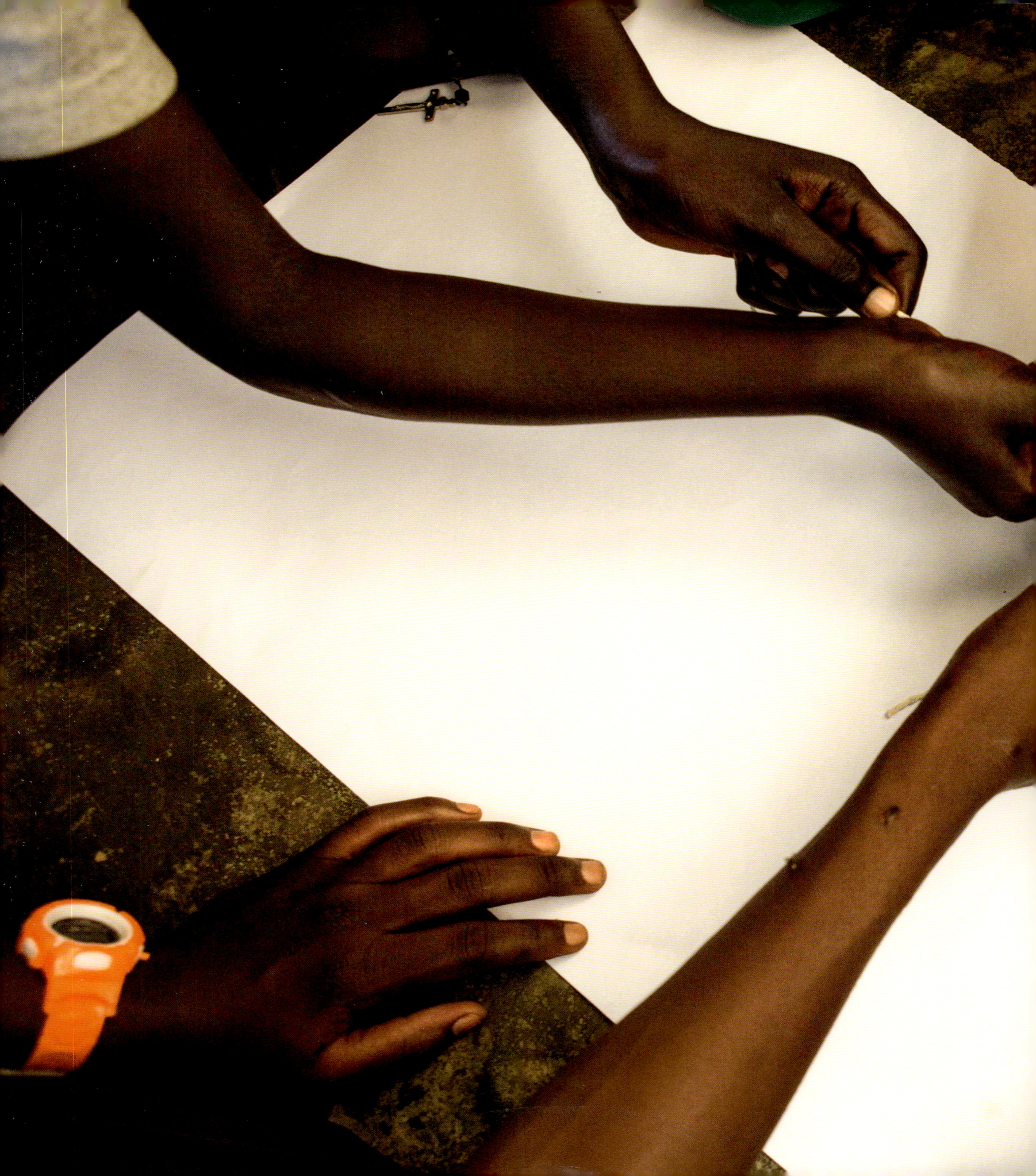

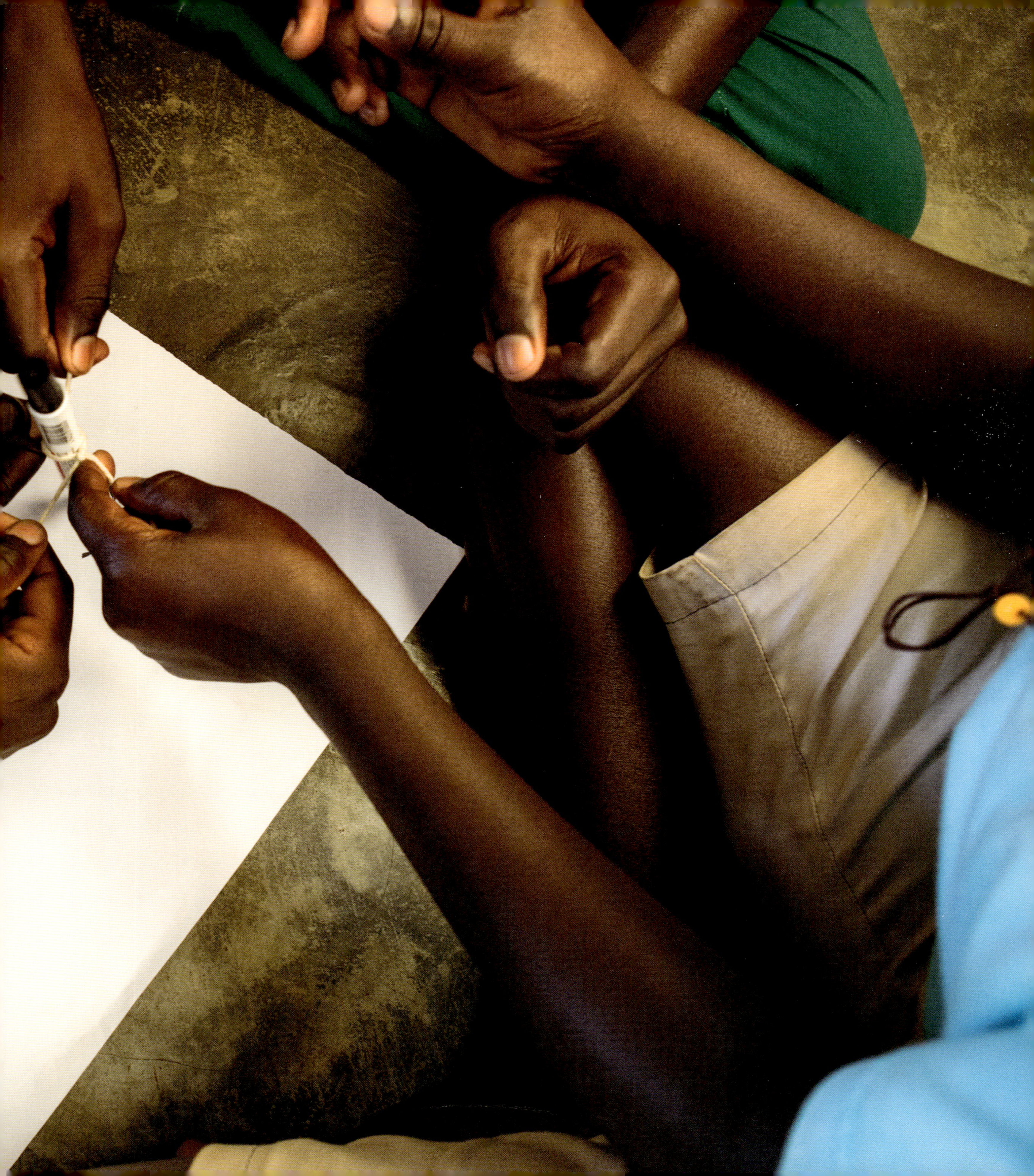

El 70% de la población
tiene menos de 18 años.
El porcentaje más alto
de todo el continente.

70% of the population is
aged under 18. The highest
percentage of Africa.

Lago Victoria, Uganda, 2014.
Lake Victoria, Uganda, 2014.

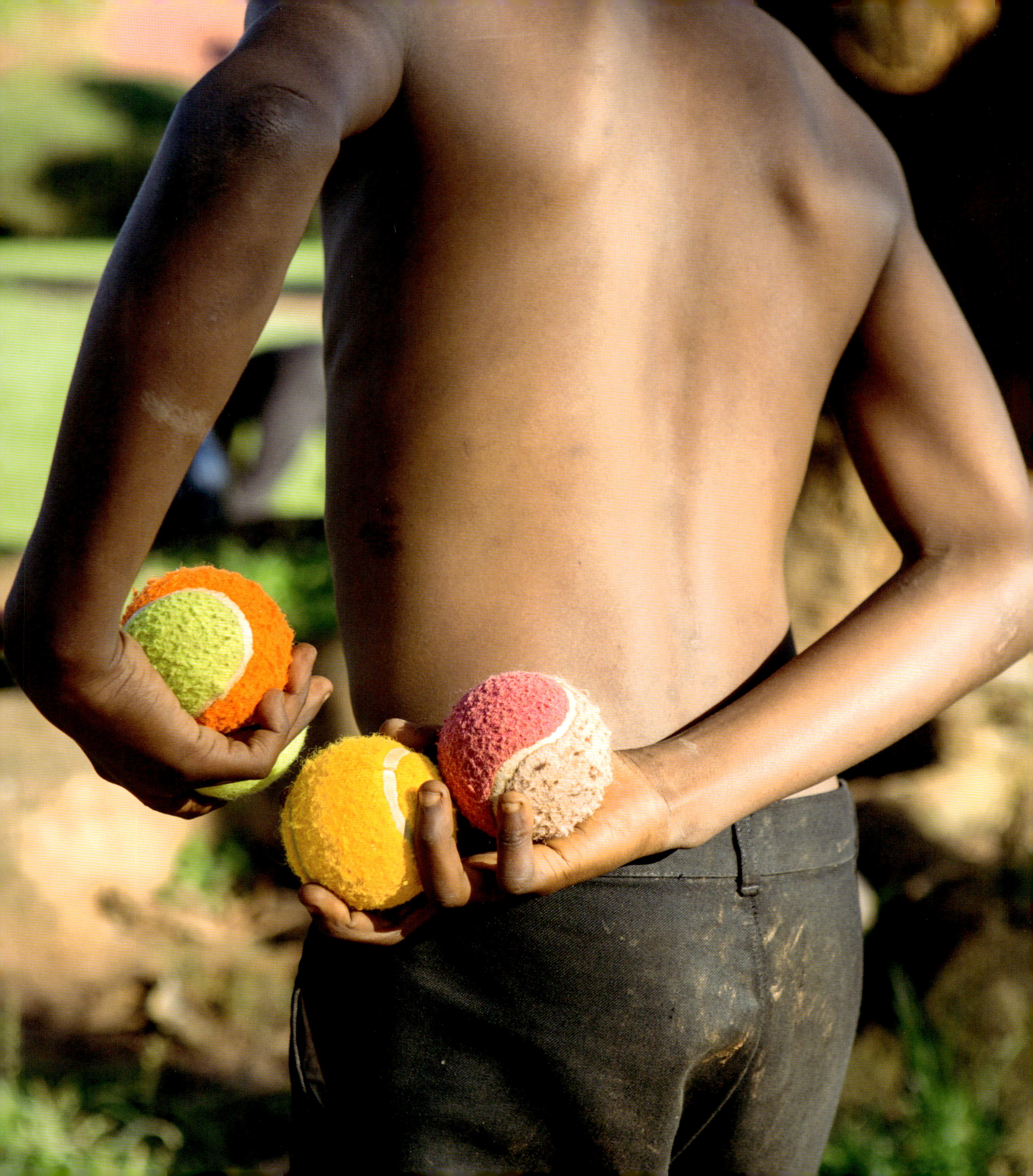

Zulaikah

Cuando el día a día consiste en luchar para sobrevivir, el tiempo y el espacio para la creación se reduce o desaparece. Zulaikah Muhammed vive en Kibuli, una barriada de Kampala muy peligrosa cuando llega el anochecer.

When daily life consists of struggling to survive, time and space for creativity is either scarce or non-existent. Zulaikah Muhammed lives in Kibuli, a shanty town in Kampala that becomes extremely dangerous at nightfall.

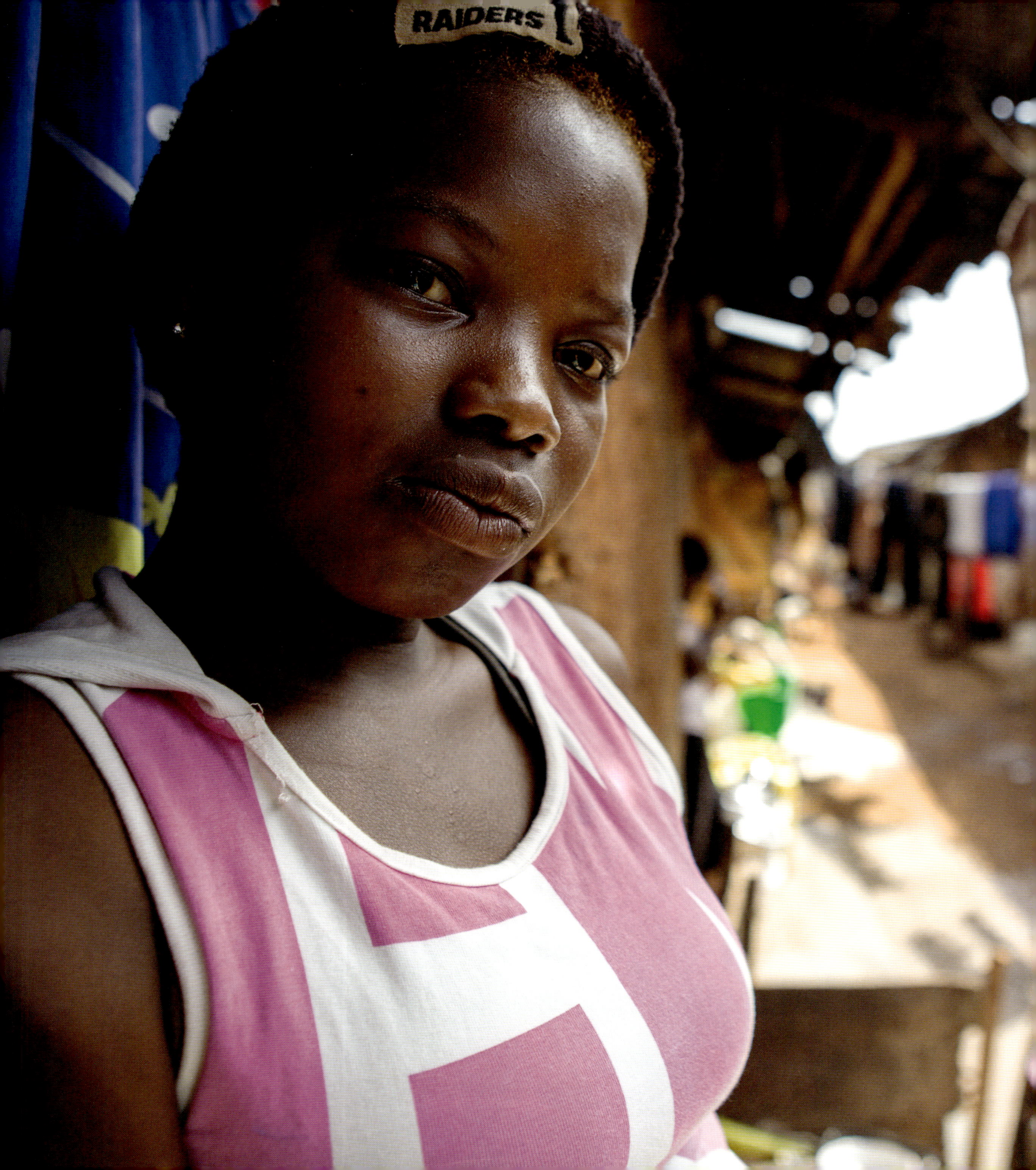

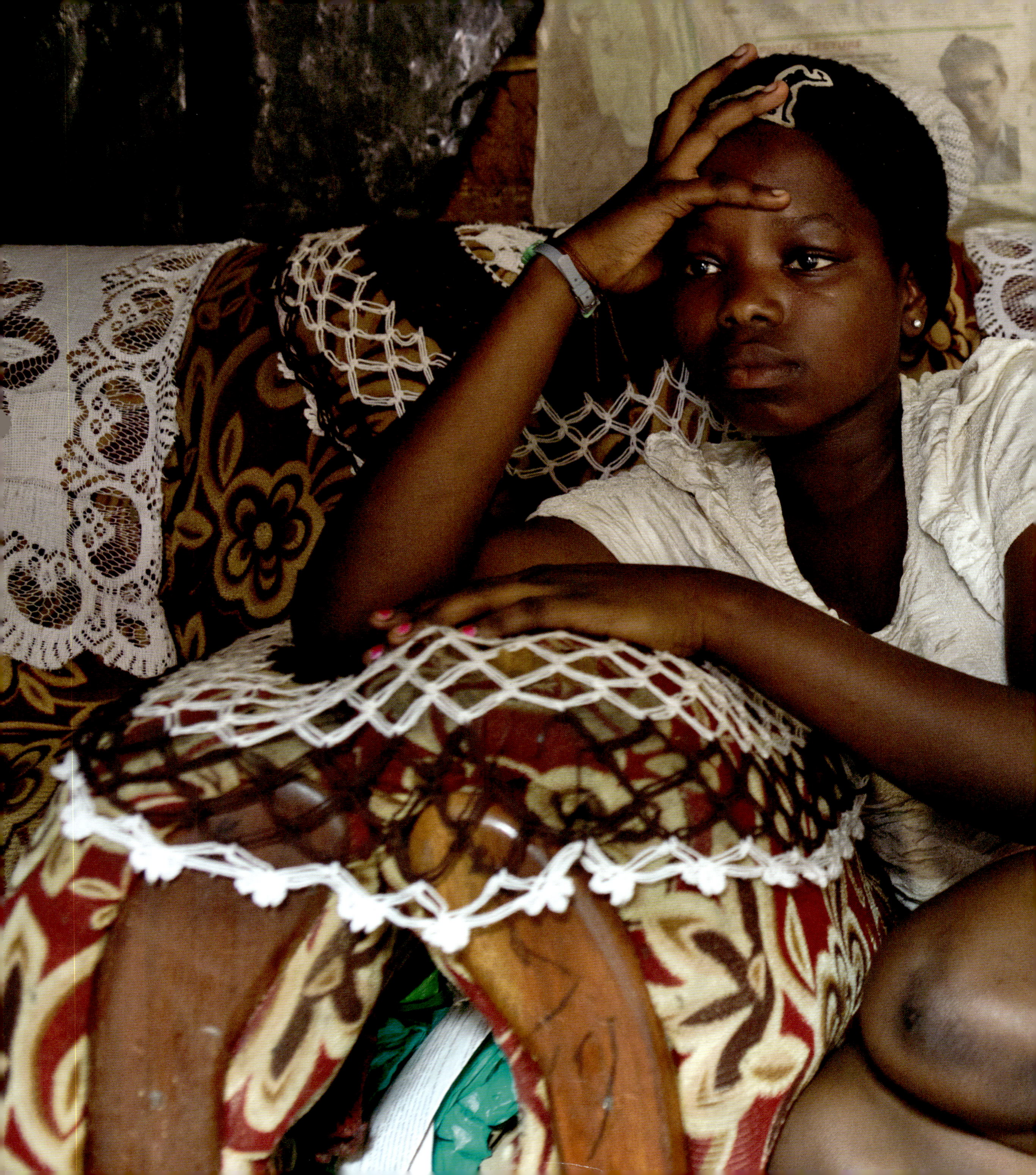

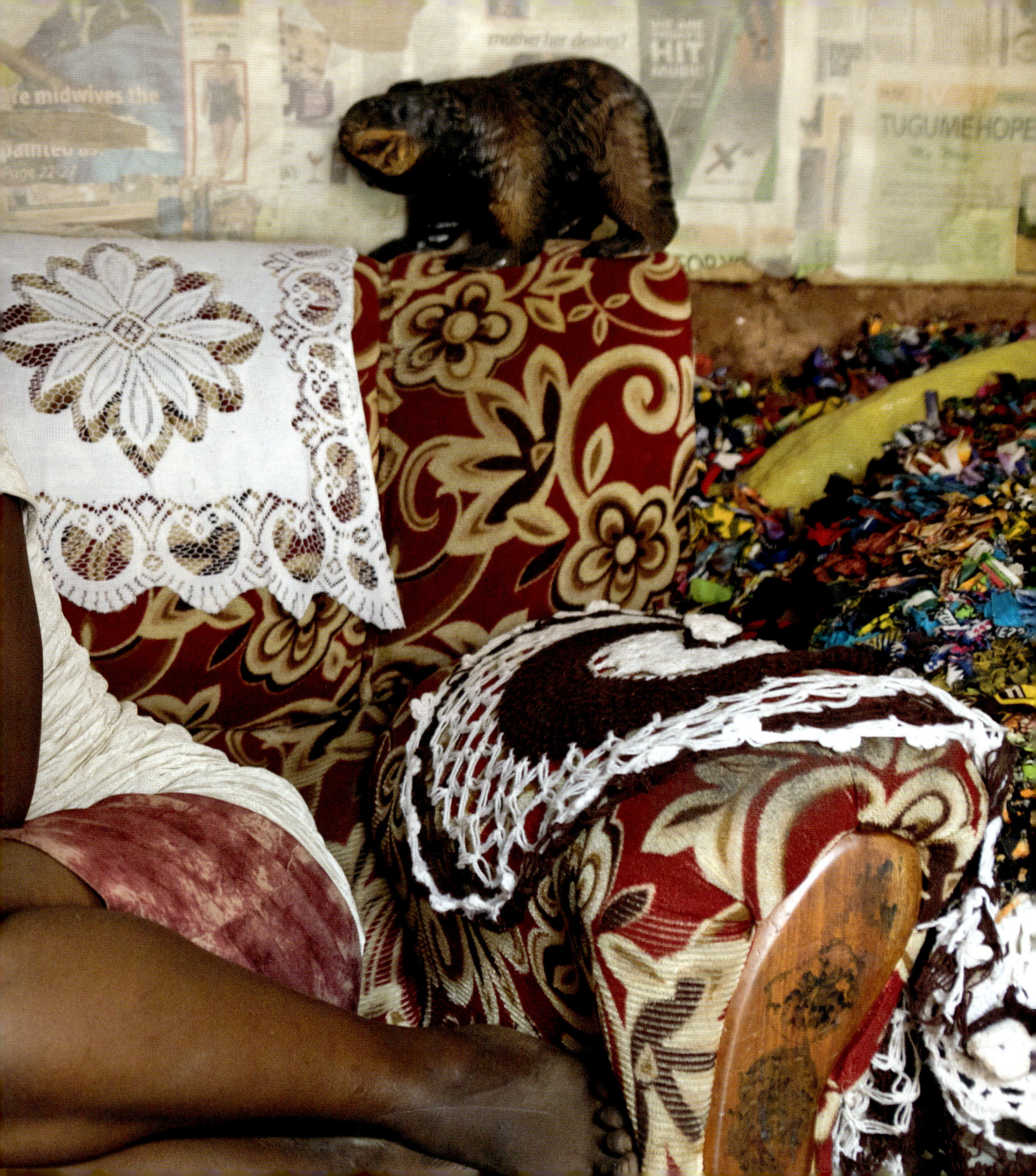

«La cultura es fundamental para movilizar a las comunidades en la lucha contra la pobreza».

Irina Bokova, directora general de la Unesco.

"Culture is fundamental for mobilising communities in the fight against poverty."

Irina Bokova, Director General of Unesco.

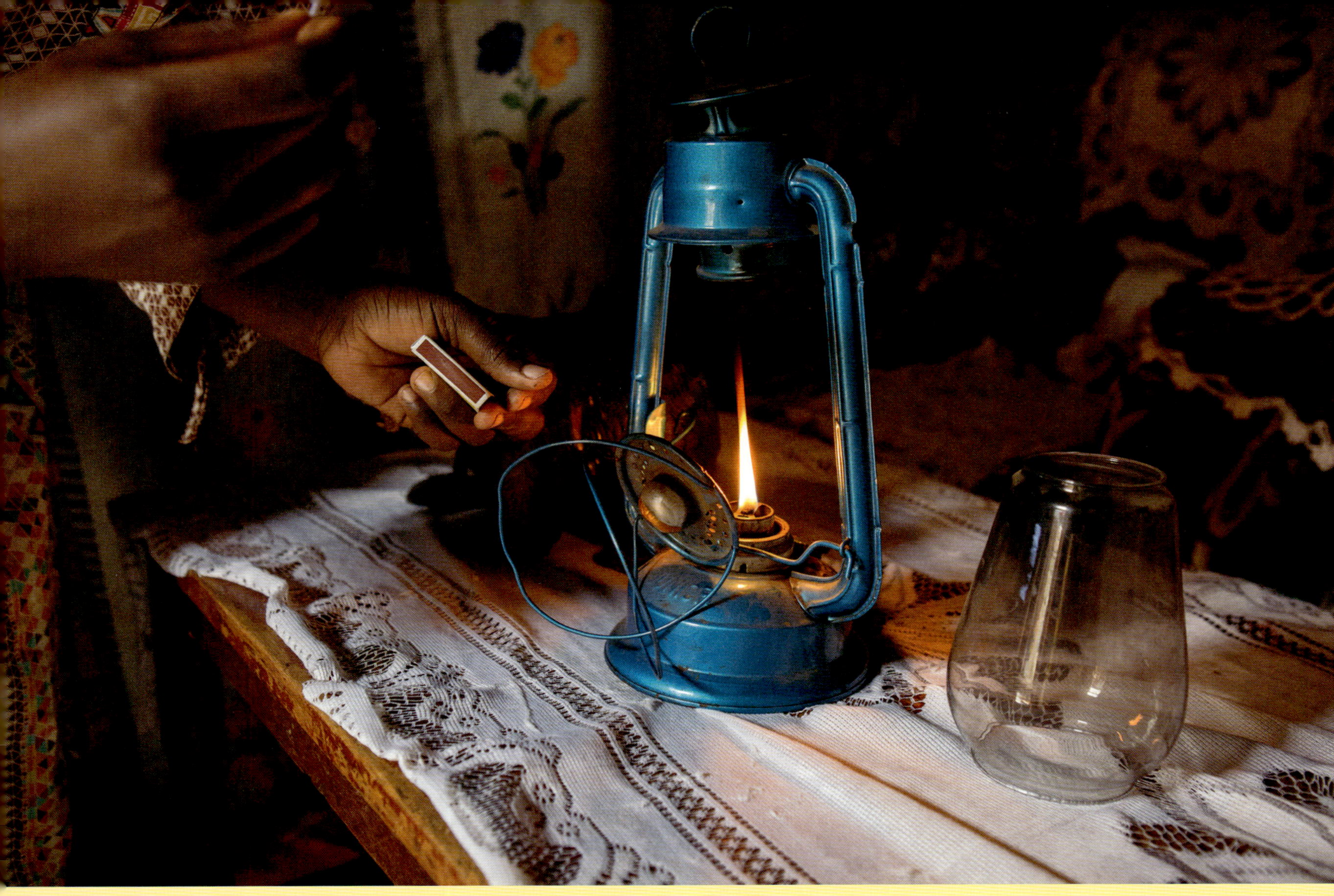

Hogar de Zulaikah en el gueto de Kibuli.
Zulaikah's home in the Kibuli ghetto.

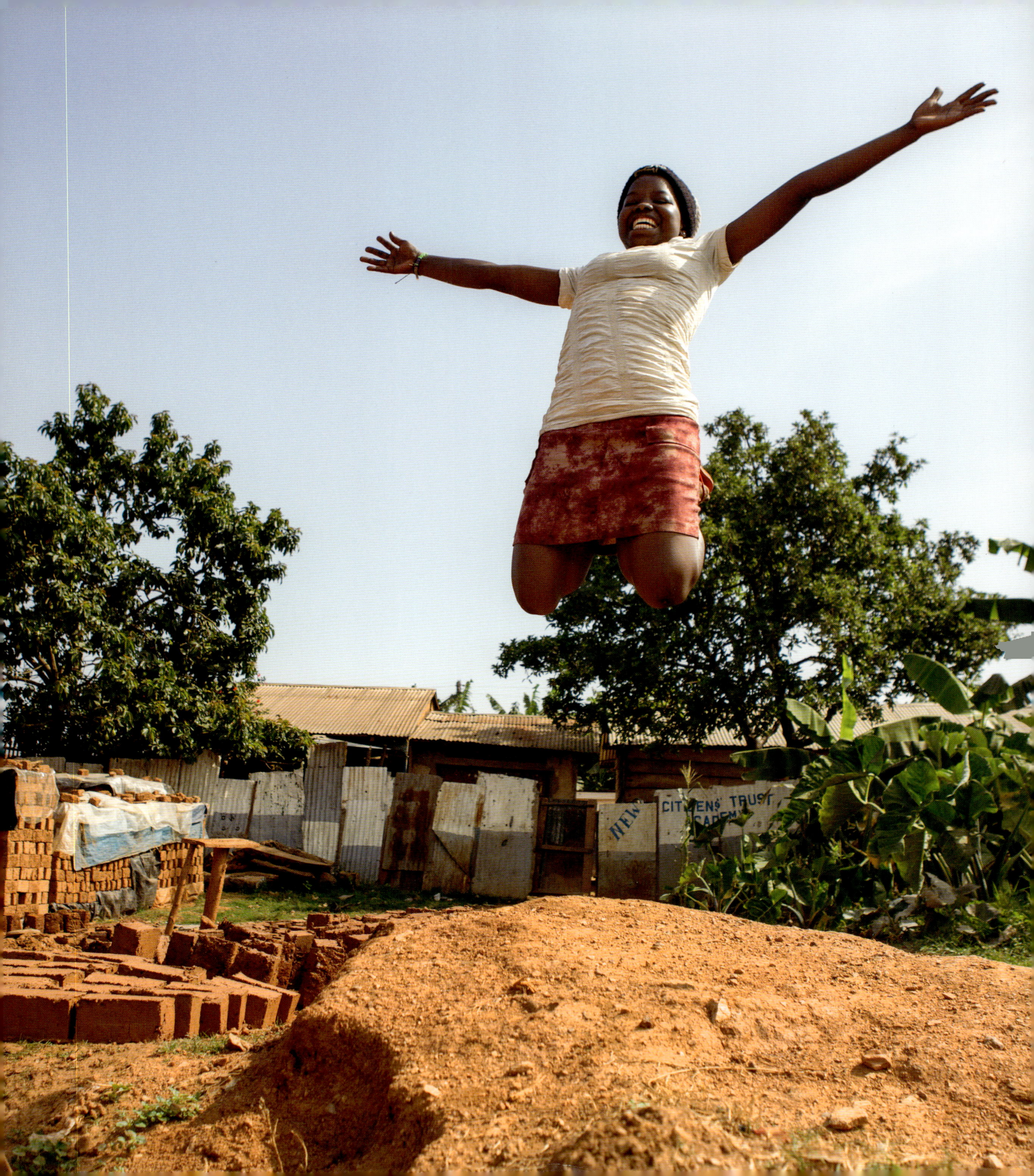
NEW
CITIZENS' TRUST
ACADEMY

Zulaikah Muhammed ha conseguido expresarse mejor gracias al arte. Quiere ser periodista, y actualmente es voluntaria enseñando a los más pequeños sus primeros pasos de baile. Su sueño es viajar por Europa y América con una compañía de danza.

Zulaikah Muhammed has succeeded in expressing herself better through art. She wants to be a journalist, and at the moment she is a volunteer teaching small children to take their first dance steps. Her dream is to travel around Europe and America with a dance company.

El salto de Zulaikah.
Zulaikah's leap.

Los niños de los slums ugandeses inhalan drogas que se venden legalmente: gasolina, queroseno y disolvente de pintura. Además de ser baratas, son utilizadas para desinhibirse, perder el miedo, robar o prostituirse.

Children in Uganda's slums inhale drugs which can be bought legally: gasoline, kerosene and paint thinner. Not only are they cheap, they also help users to fight inhibitions, lose fear, steal or prostitute themselves.

Mukwasi Robert vive en Kinsenyi desde que quedó huérfano, cuando una inundación arrasó su pueblo, Mbale, en 2010.
Mukwasi Robert has lived in Kinsenyi since he was orphaned when floods devastated his village, Mbale, in 2010.

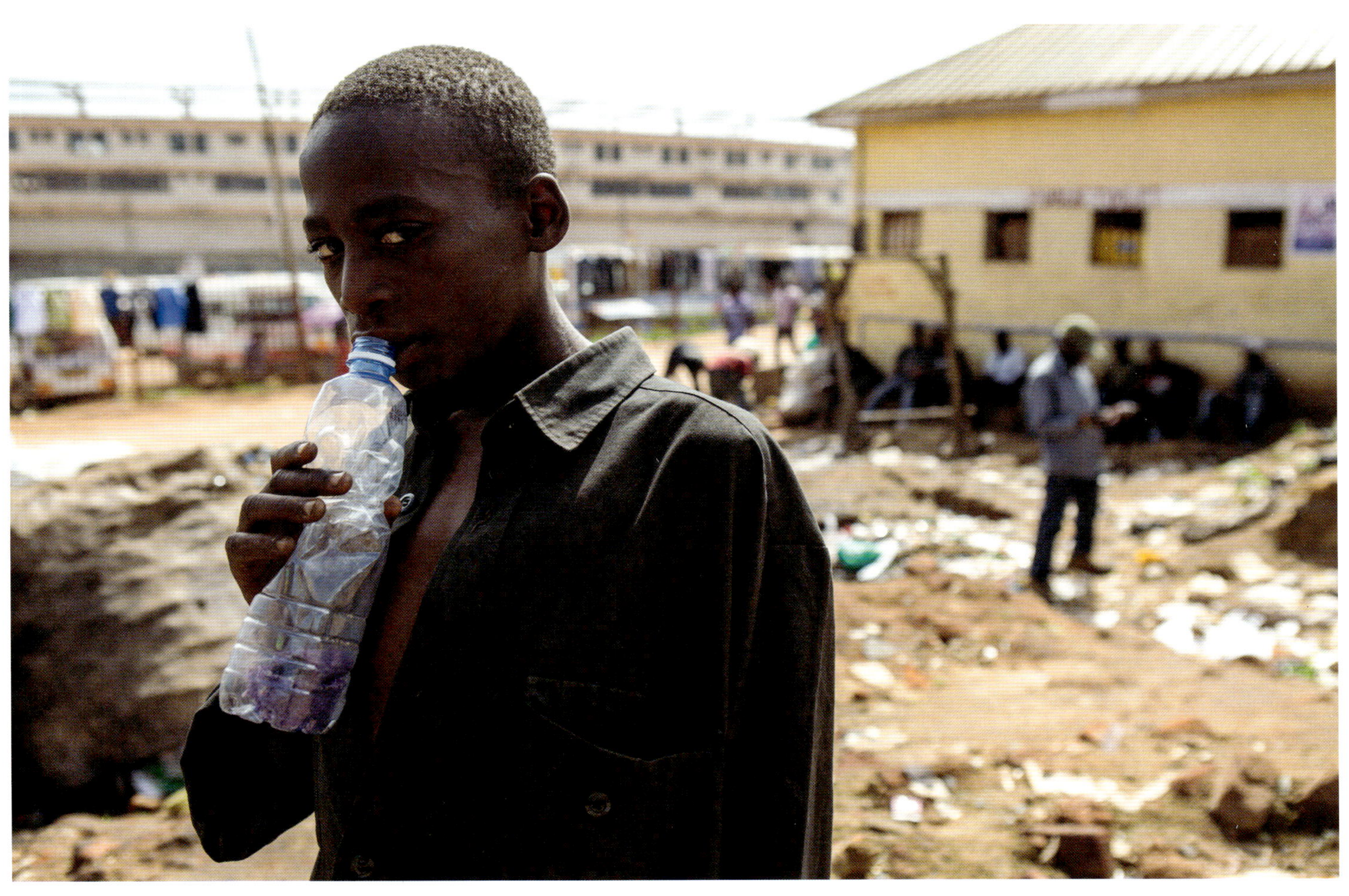

En Uganda más del 60%
de la población vive en
barrios marginales donde la
inseguridad, el consumo de
drogas y la violencia están
presentes a diario.

In Uganda more than
60% of the population
lives in marginalised
neighbourhoods, where
uncertainty, drug use and
violence are features of
everyday life.

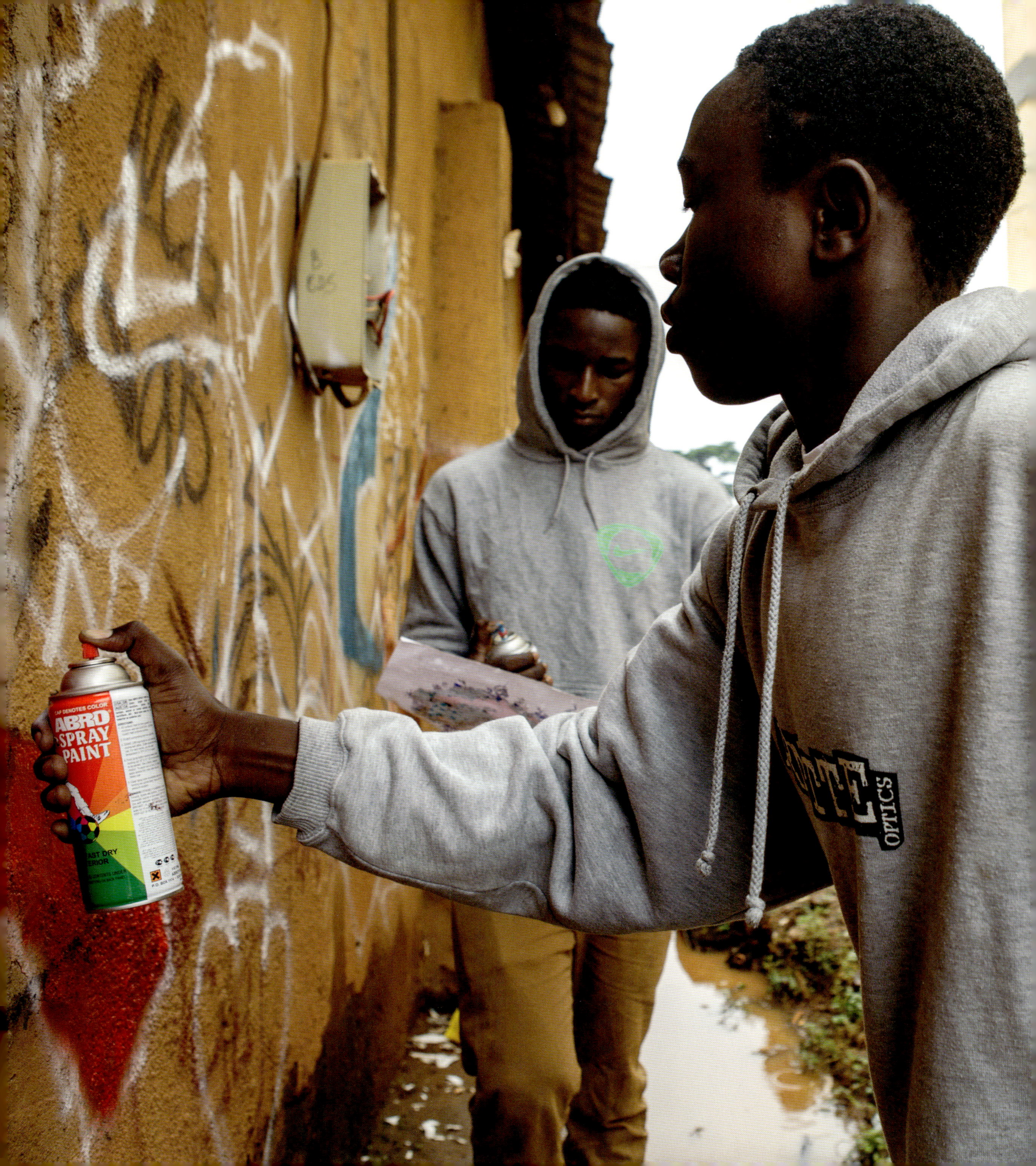

CAP DENOTES COLOR
ABRO
SPRAY
PAINT
FAST DRY
INTERIOR
P.O. BOX

Ivan

Ivan Musiime vive solo en el gueto de Kansanga, Kampala, gracias a que consiguió algo de dinero hace un par de años, cuando lo eligieron para ir a actuar a Polonia y a Francia con otros jóvenes en riesgo de exclusión social.

Ivan Musiime lives alone in the Kansanga ghetto in Kampala. He earned some money a couple of years ago, when he was chosen to perform in Poland and in France with other young people at risk of social exclusion, and this has enabled him to live on his own.

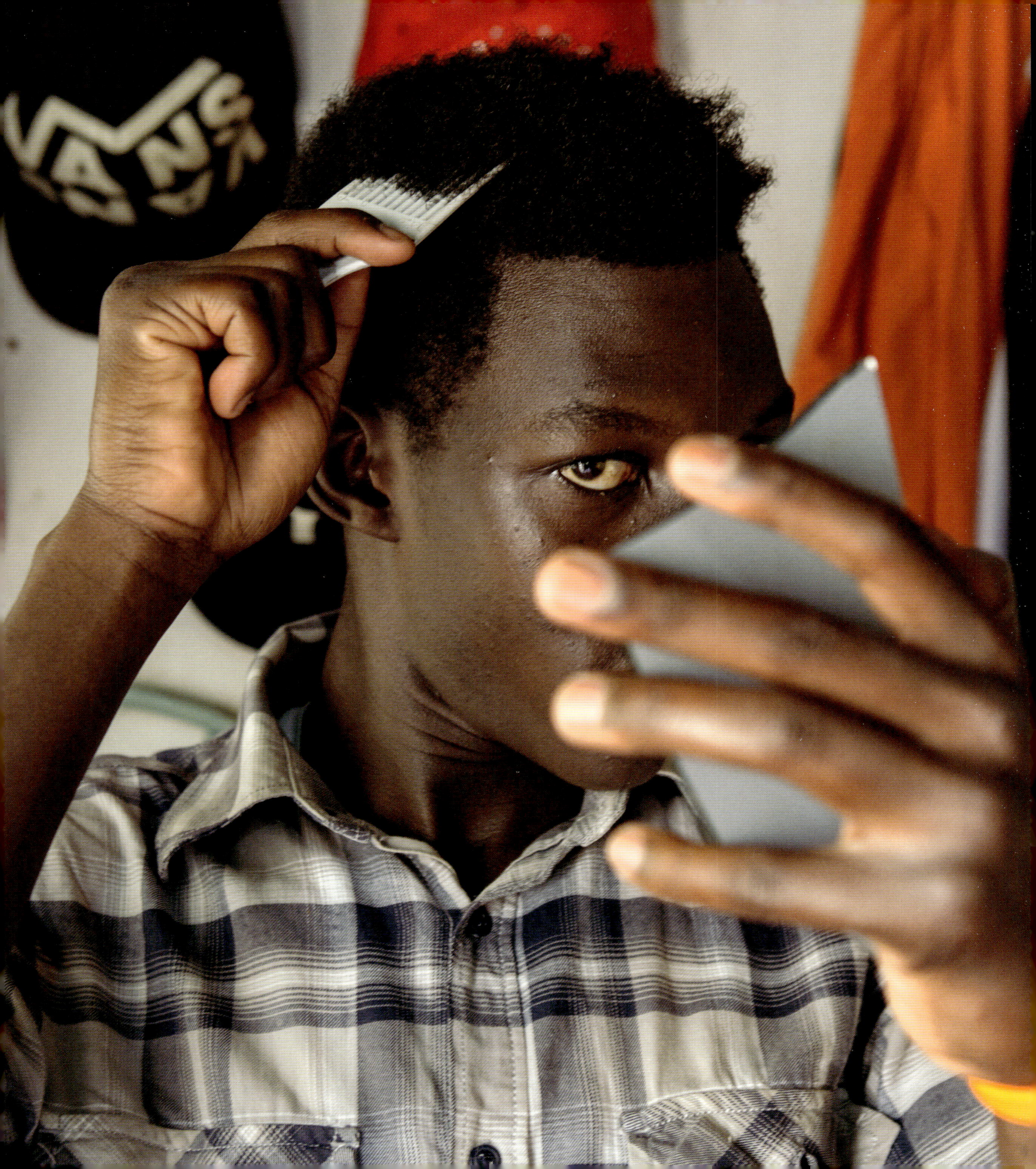

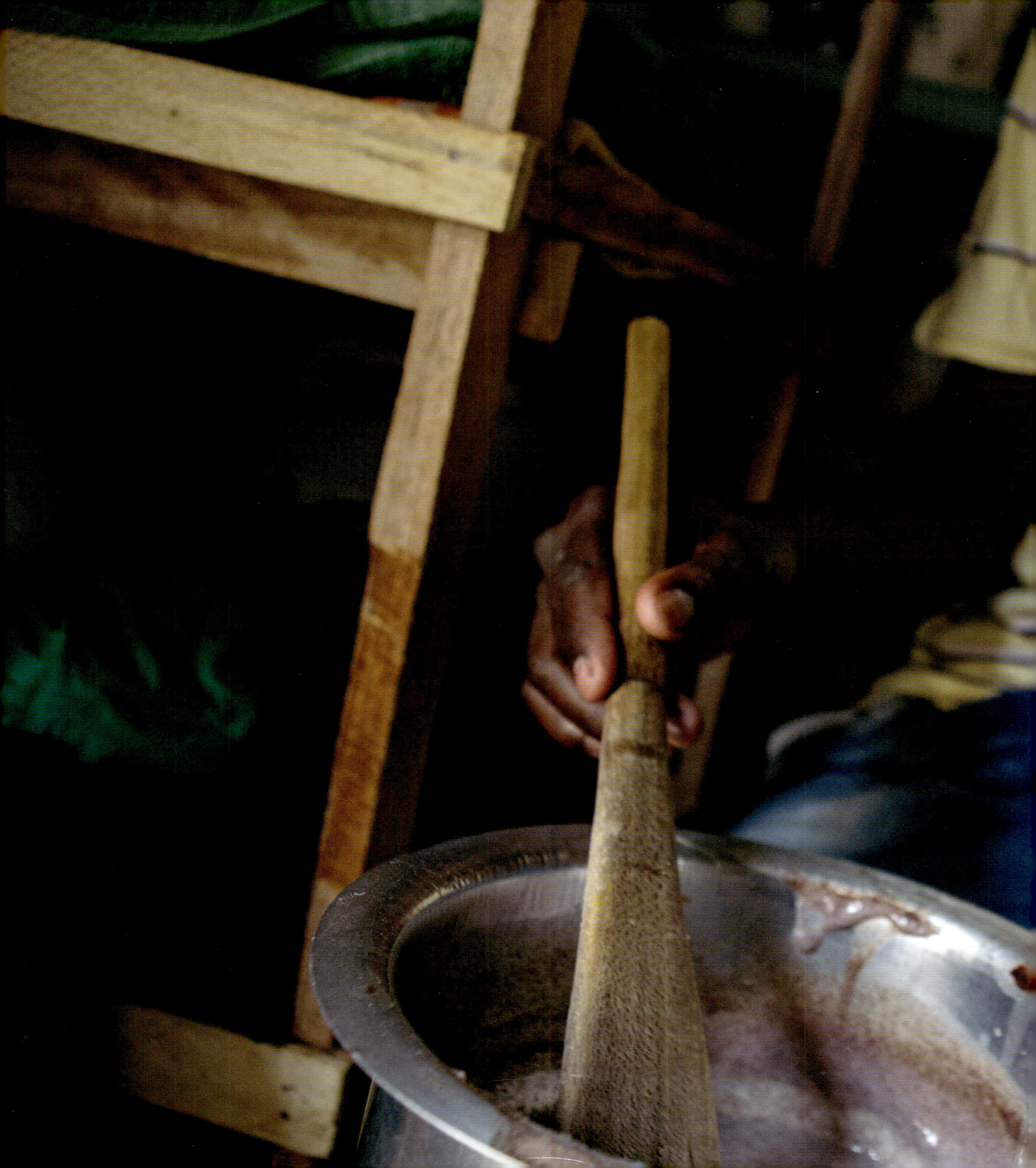

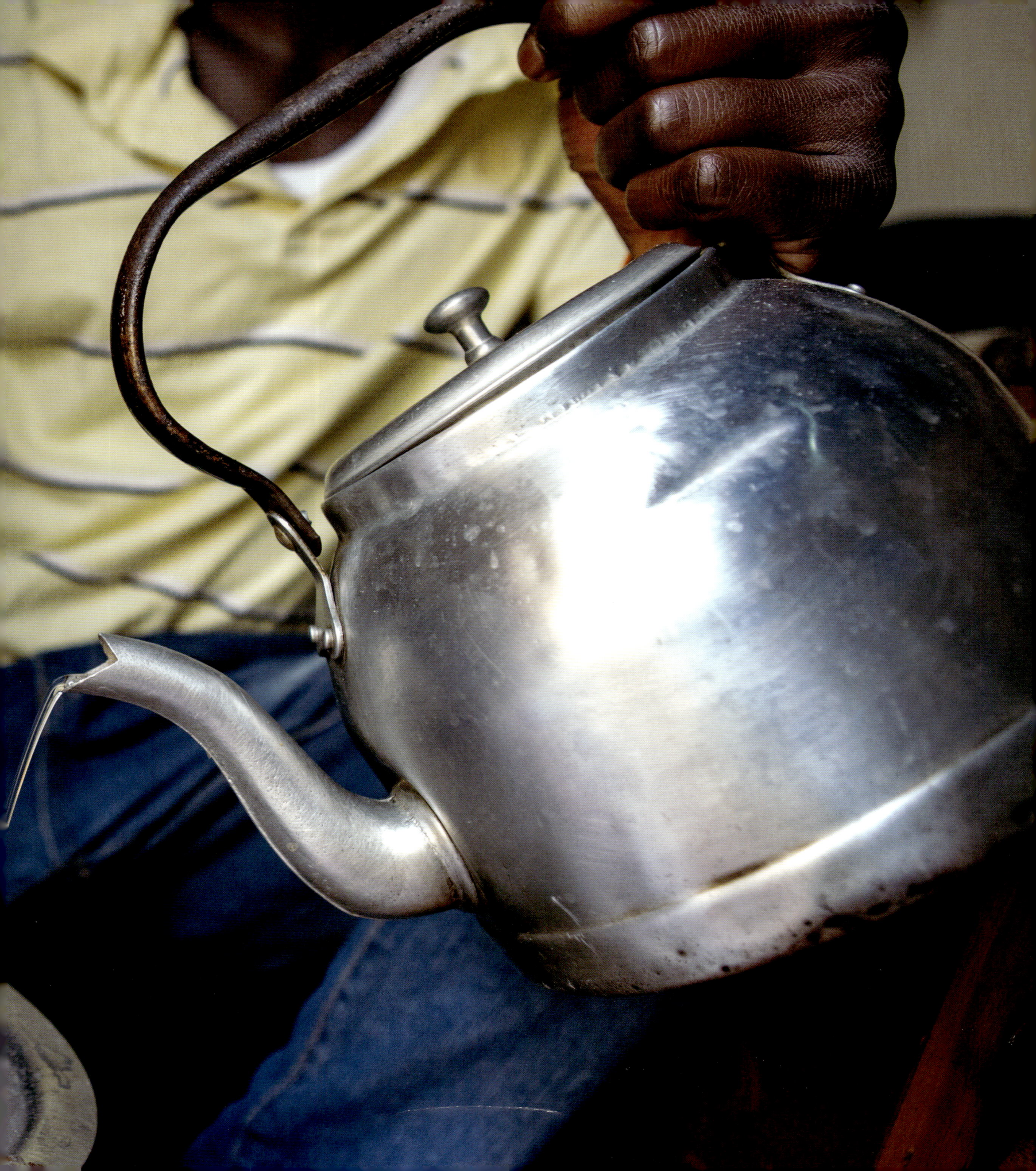

«Mi madre primero vendía fruta para darnos de comer, luego vendía su cuerpo. Yo me escapé del pueblo porque mis tíos me torturaban. Llegué a Kampala sin nada y sin nadie. Hoy soy quien soy porque todas estas actividades artísticas en las que participo me han enseñado técnicas para tener seguridad en mí mismo, para dirigir mi vida y para controlar mi temperamento. Ahora sé hablar en público, incluso puedo enseñar a otros lo que he aprendido».

Ivan Musiime, 18 años.

"First my mother sold fruit so we could eat, then she sold her body. I escaped from the village because my uncles used to torture me. I arrived in Kampala with nothing and with no-one. I am what I am today because all these artistic activities I'm doing have taught me techniques for having self-confidence, being in charge of my own life and controlling my temper. Now I know how to speak in public and I can even teach other people what I've learnt."

Ivan Musiime, aged 18.

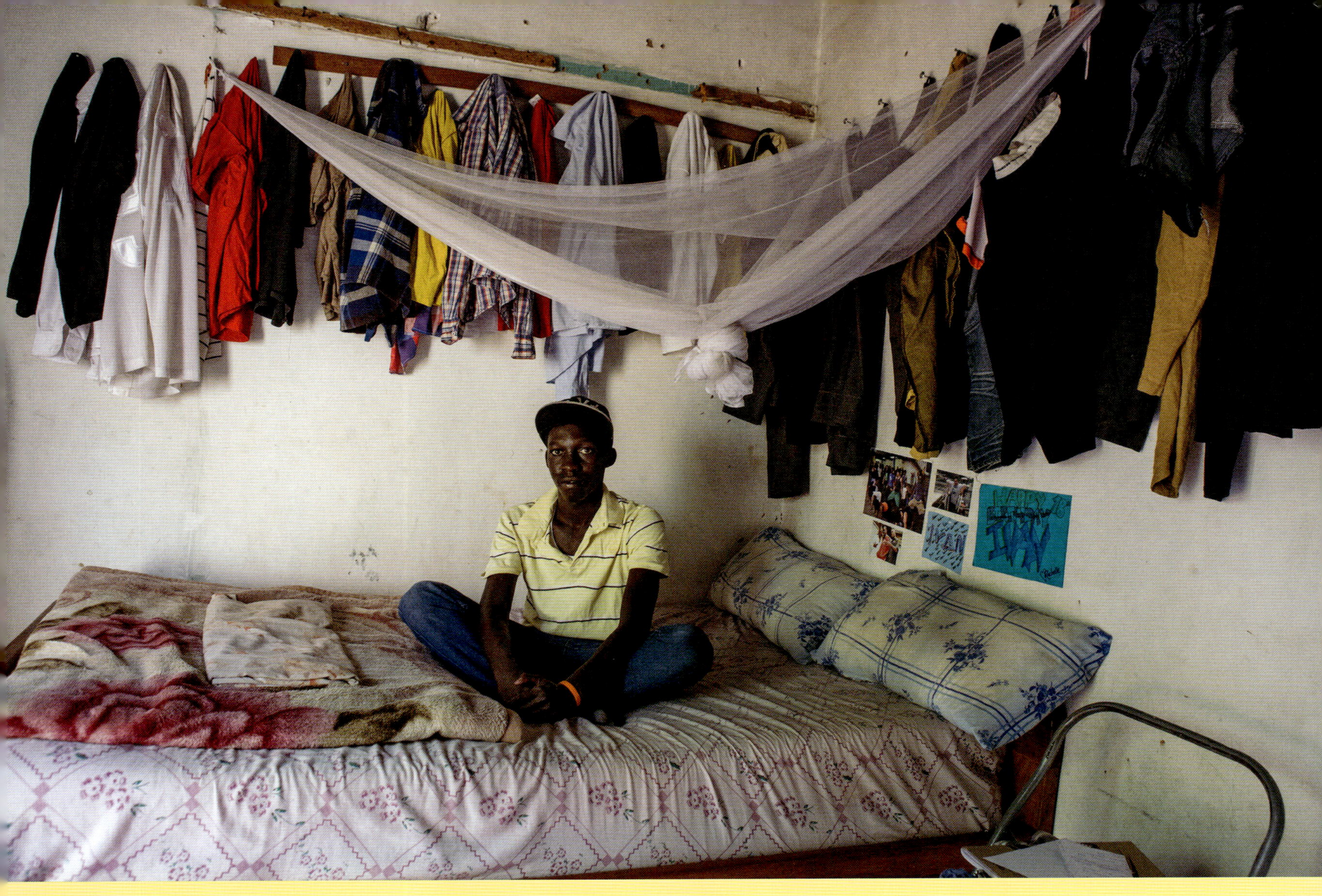

Páginas 31-33: Ivan prepara posho, puré de harina de maíz, y se acicala antes de salir de casa.
Pages 31-33: Ivan prepares 'posho', a flour and maize purée, and smartens up before going out.

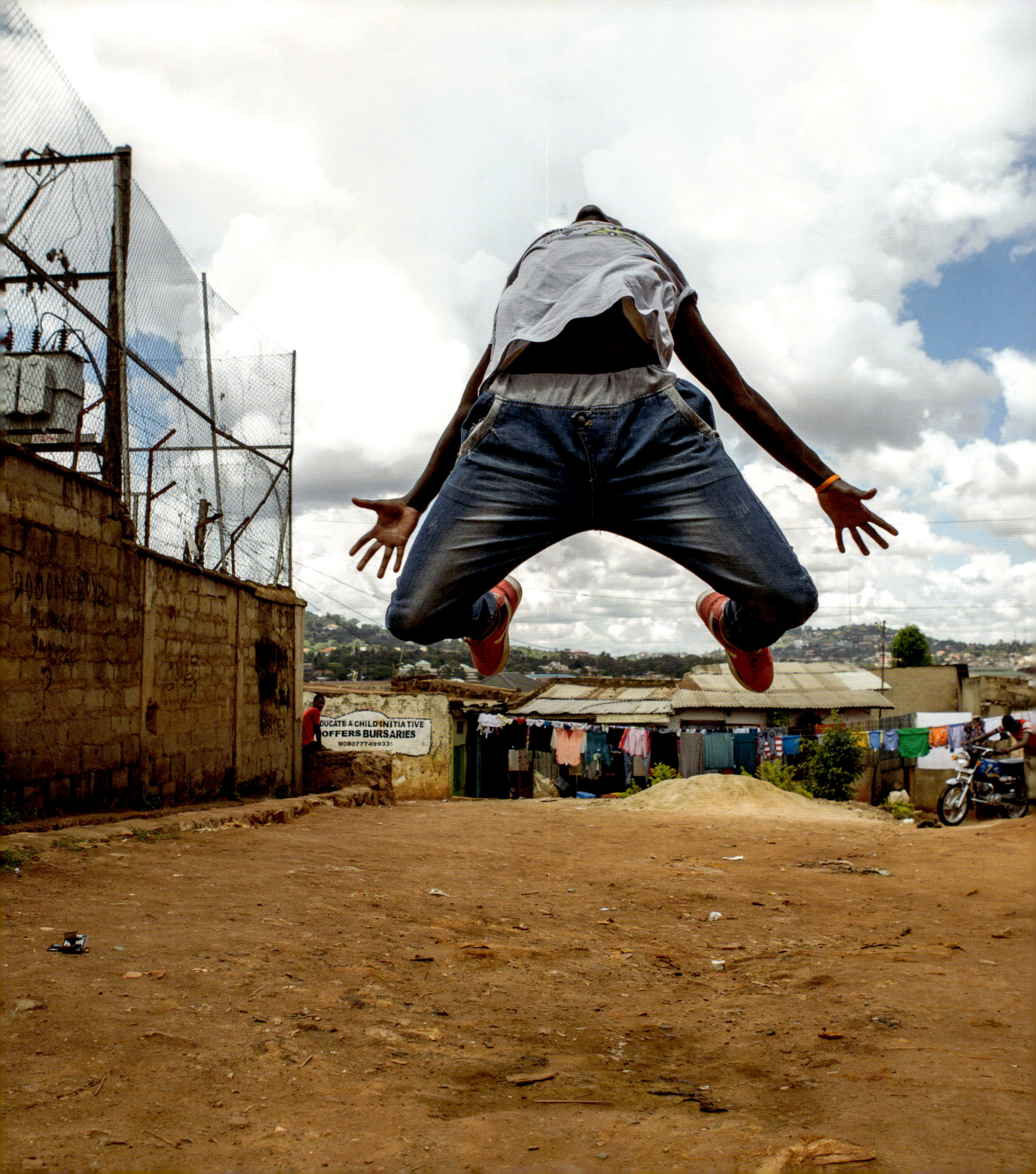
DUCATE A CHILD INITIATIVE
OFFERS BURSARIES
MOB077749933

El salto de Ivan.

Les llaman «niños de la calle». Subsisten vendiendo plástico o metal
al peso, y juegan con sus mascotas mientras inhalan queroseno.
Called "street kids." They make a living by selling plastic and metal
by weight, and playing with their pets while inhaling kerosene.

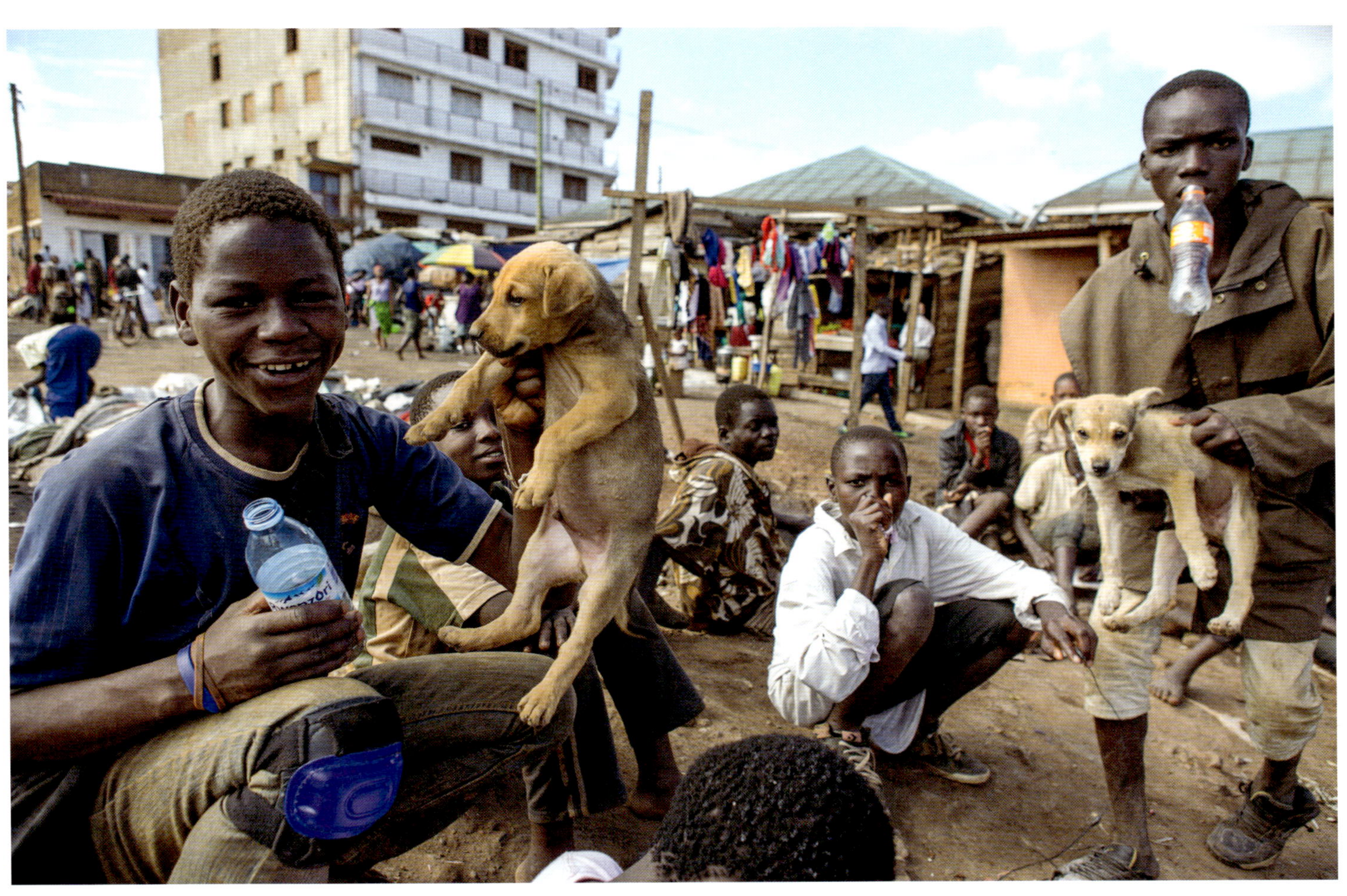

La ONG española In Movement: Arte para el Cambio Social utiliza la creatividad como medio para alentar a los jóvenes a encontrar su propia fuerza interior, mejorar su autoestima y desarrollar sus habilidades para sobrevivir.

The Spanish NGO In Movement: Art for Social Change uses creativity as a means to encourage young people to find their own inner strength, improve their self-esteem and develop their survival skills.

Aula improvisada en Kinsenyi, donde voluntarios de In Movement y de Voice of Hope Foundation for Children, enseñan a los niños a sumar y restar.
Improvised classroom in Kinsenyi, where volunteers from In Movement and from the Voice of Hope Foundation for Children teach children to add and subtract.

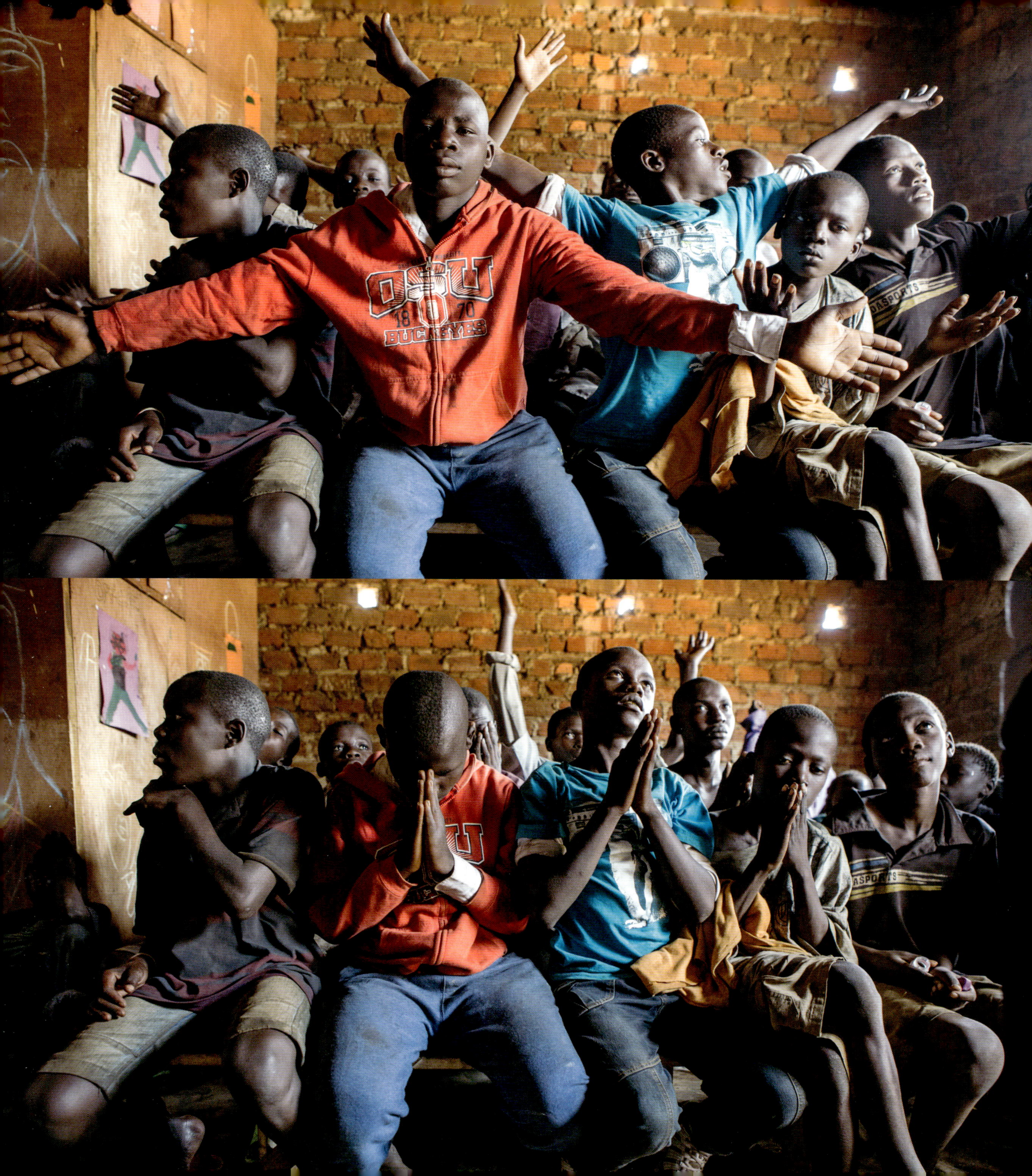

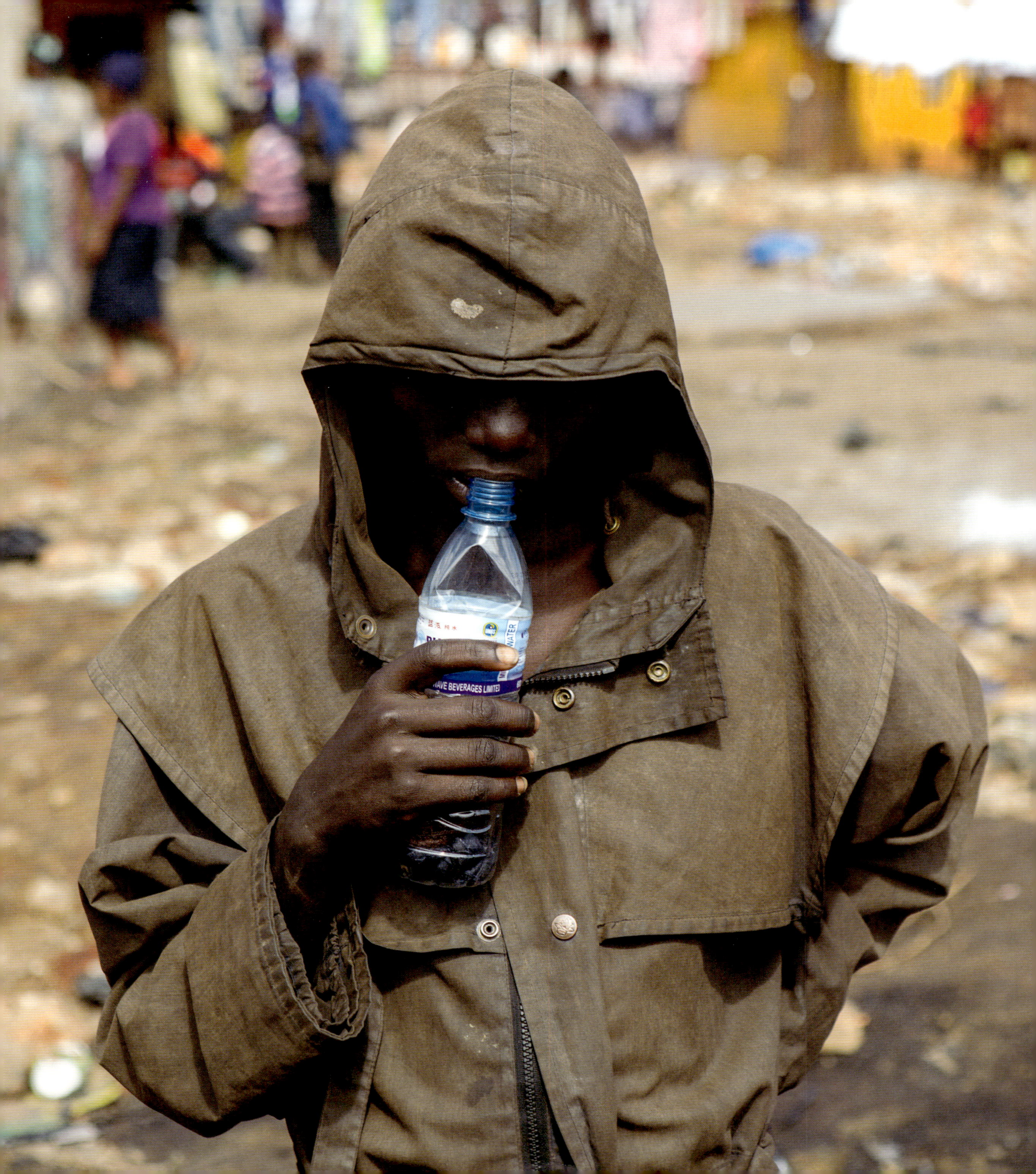
蓝涛 纯水
WATER
MI...WATER
WAVE BEVERAGES LIMITED

Kinsenyi es el gueto más grande de Kampala, Uganda. Cientos de niños que han huido de sus hogares por maltrato, por desatención o porque han quedado huérfanos duermen al raso cada noche. Recogen plásticos que venden a 0,10 euros/kilo para comprar droga. El resto del día esnifan queroseno y duermen.

Kinsenyi is the biggest ghetto in Kampala, Uganda. Hundreds of children who have fled their homes to escape abuse, neglect or because they have been orphaned, sleep out in the open every night. They collect plastics that they sell for 0.10 euros per kilo to buy drugs. The rest of the day they sniff kerosene and sleep.

Subaru Ema fue elegido para ir al Parlamento como representante de los «niños de la calle» para exponer los problemas a los que se enfrentan.
Subaru Ema was chosen to go to Parliament as the "street kids" spokesperson to talk about the problems they face.

Hamuza

A sus 15 años, Hamuza Primo podría estar esnifando queroseno, tan de moda en Central Kampala, junto a otros centenares de niños en sus mismas circunstancias. Pero descubrió la danza. Con el baile olvida sus miedos y su espíritu se fortalece. Le prestan atención y él se presta atención a sí mismo. Ahora levanta su voz, se expresa y comparte.

At 15 years old, Hamuza Primo might have been sniffing kerosene, a popular activity in Central Kampala, along with hundreds of other kids in similar circumstances. But he discovered dance. Dance has allowed him to forget his fears and has empowered his spirit. People pay attention to him and he pays attention to himself. Now he speaks out, expresses himself and shares.

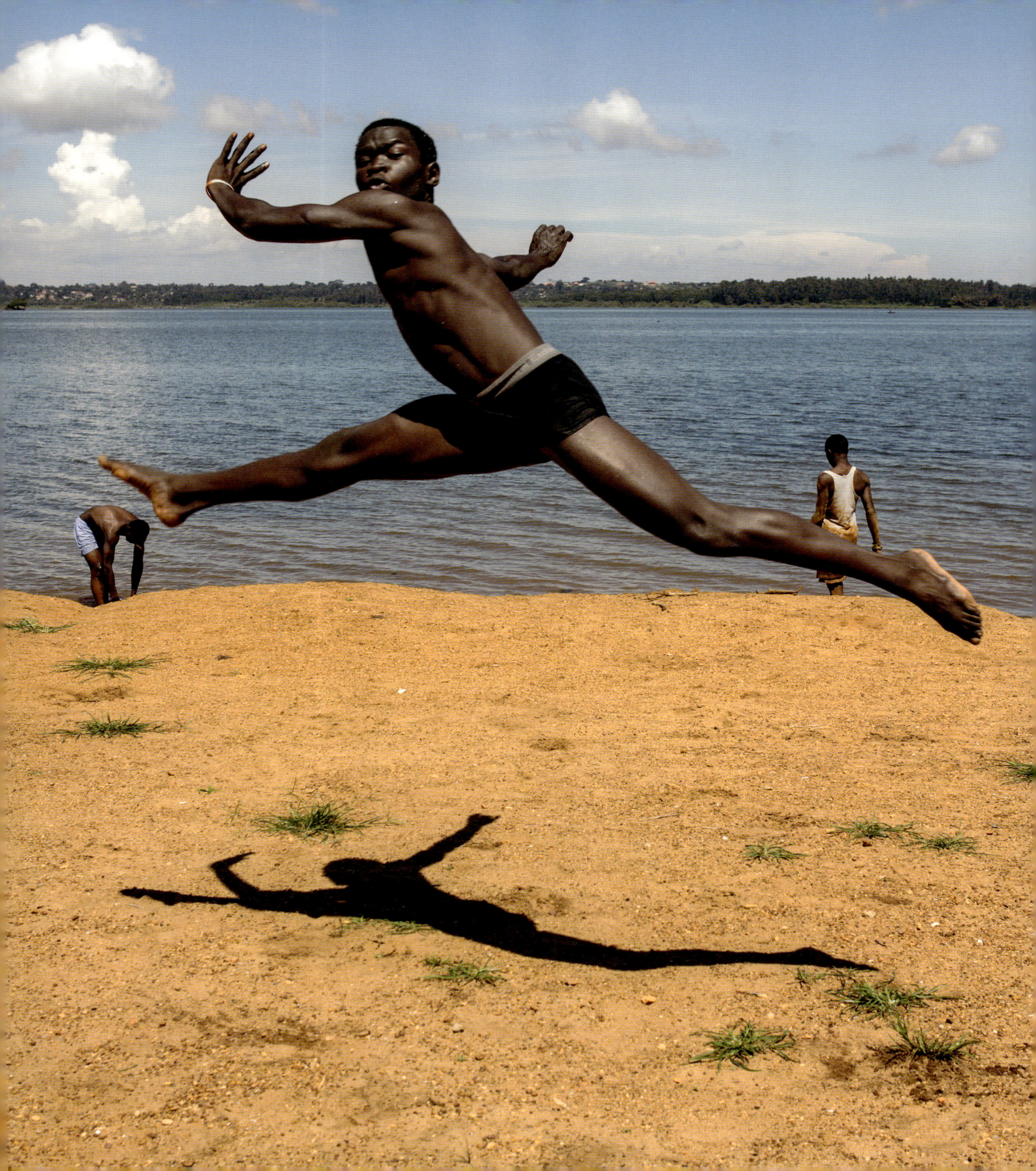

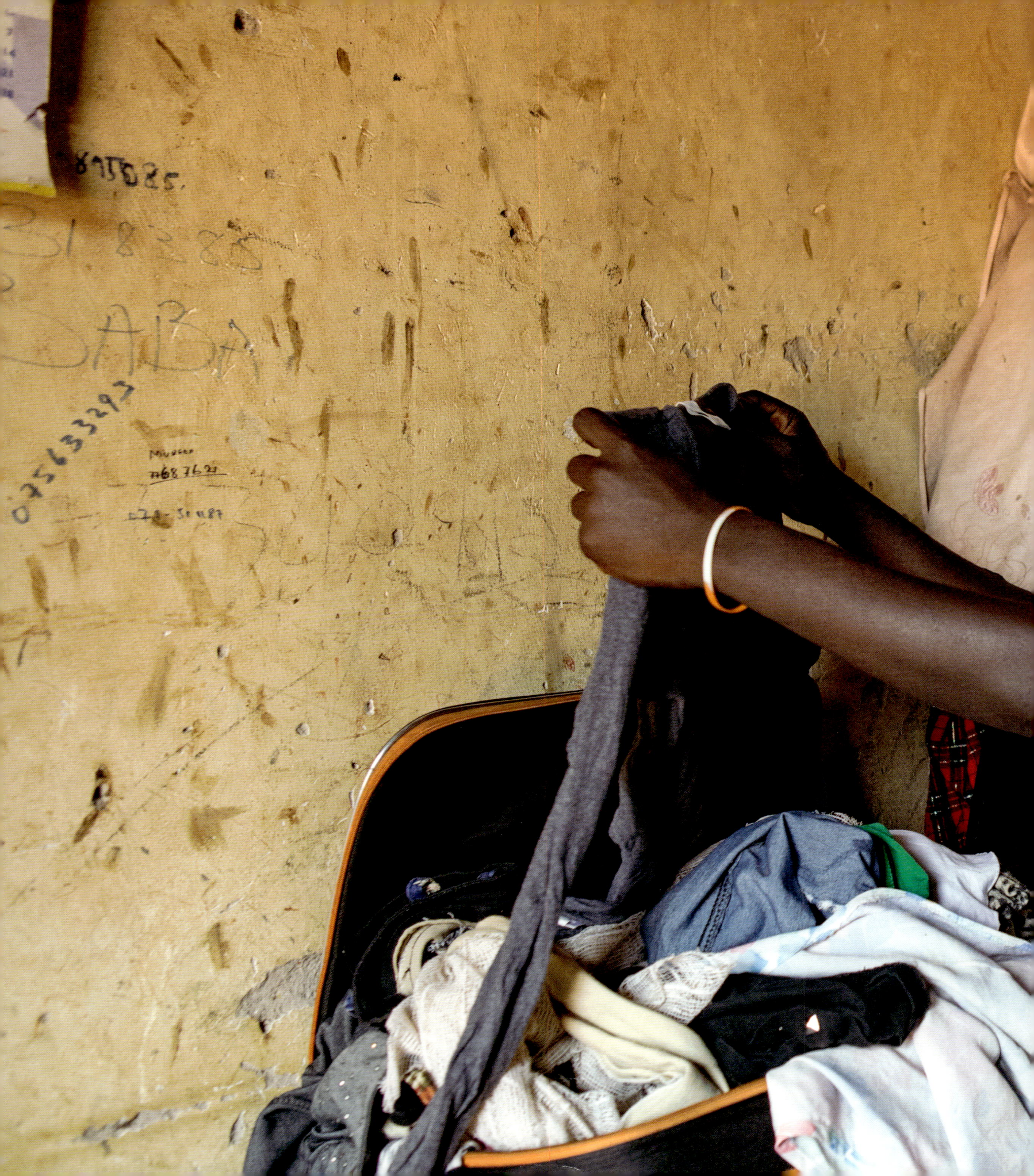

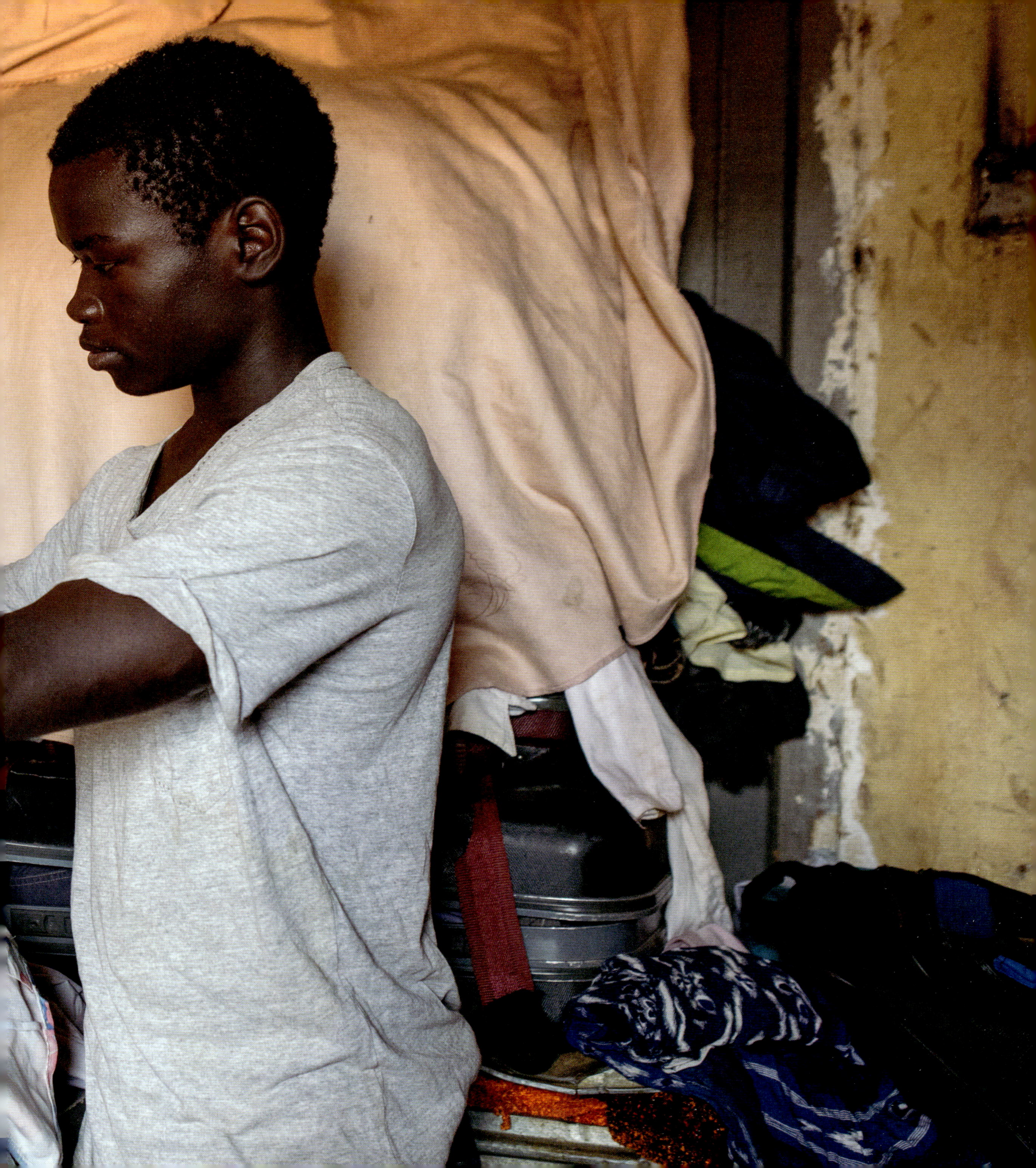

«El baile es mi vida y lucho a diario para llegar a ser un gran bailarín. Me veo como alguien que genera cambios positivos en la comunidad, que anima y apoya a los compañeros a cumplir sus sueños».

Hamuza Primo, 15 años.

"Dance is my life and every day I do my best to be a great dancer. I see myself as someone who brings about positive change in the community, who encourages and supports colleagues to make their dreams come true."

Hamuza Primo, aged 15.

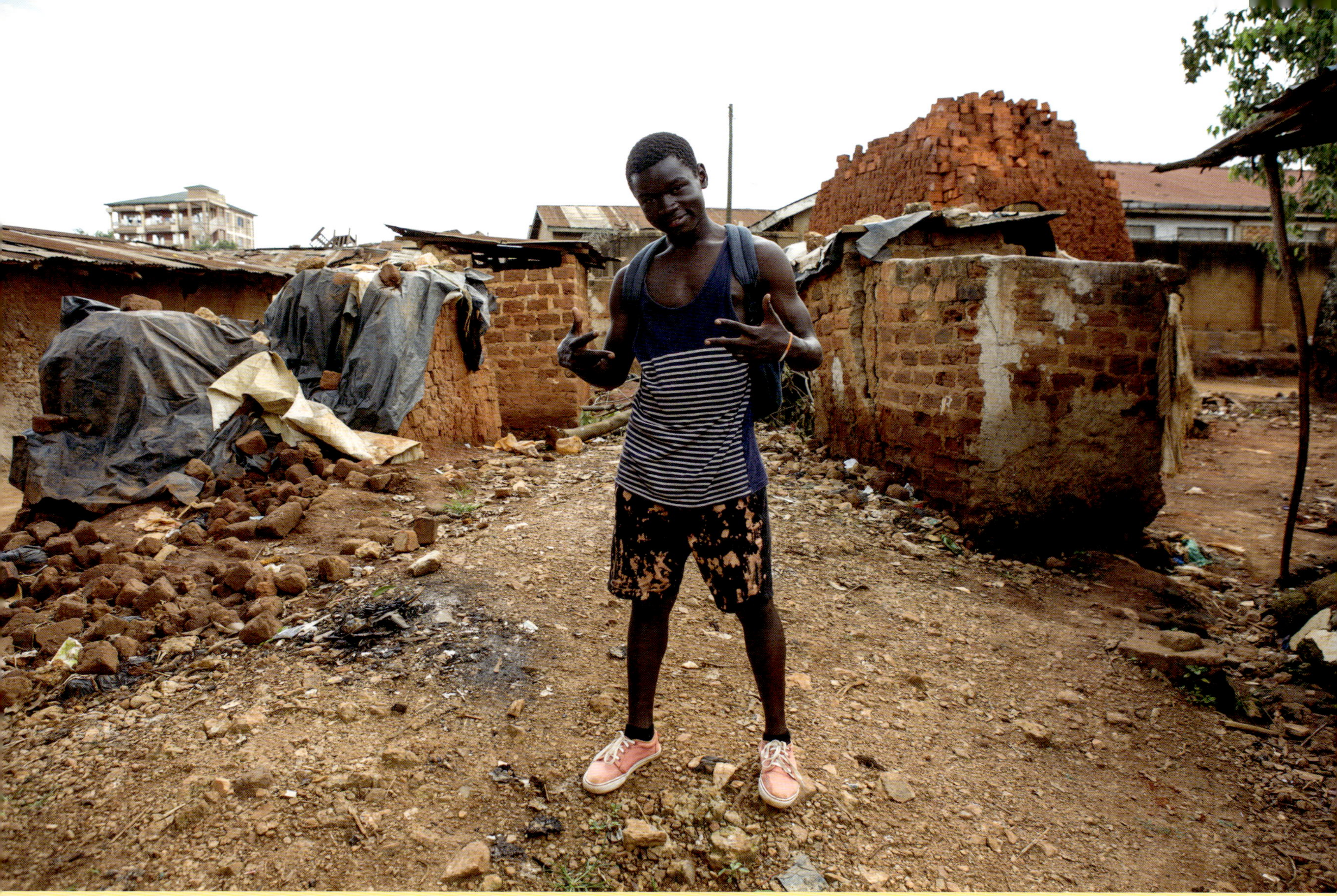

Hamuza muestra actitud positiva entre
los escombros de Kibuli.
Hamuza keeps a positive attitude amongst
the rubble of Kibuli.

Hamuza cuenta los días. Lo han contratado para actuar en una boda en un par de meses y ese es su objetivo ahora. En unos años quiere formar parte del ballet nacional y hacer giras por el mundo representando a su país en los escenarios de los grandes teatros. Porque Hamuza, a diferencia de muchos otros niños africanos, sí sabe soñar.

Hamuza is counting down the days. He has been contracted to perform at a wedding in a couple of months' time and this is now his goal. In a few years' time he wants to join the national ballet and go on world tours representing his country on the stages in major theatres. Because Hamuza, unlike many other African children, knows how to dream.

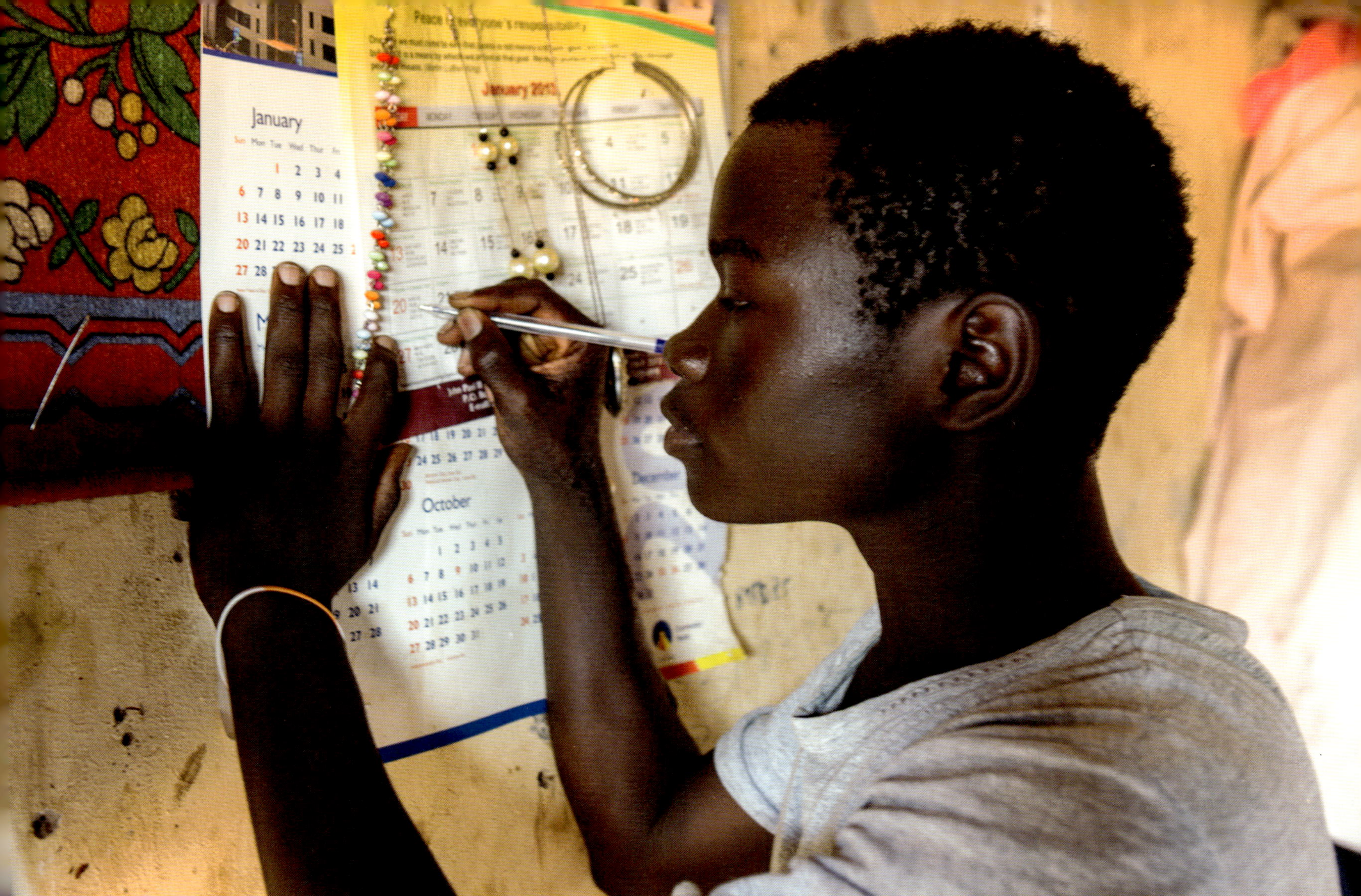

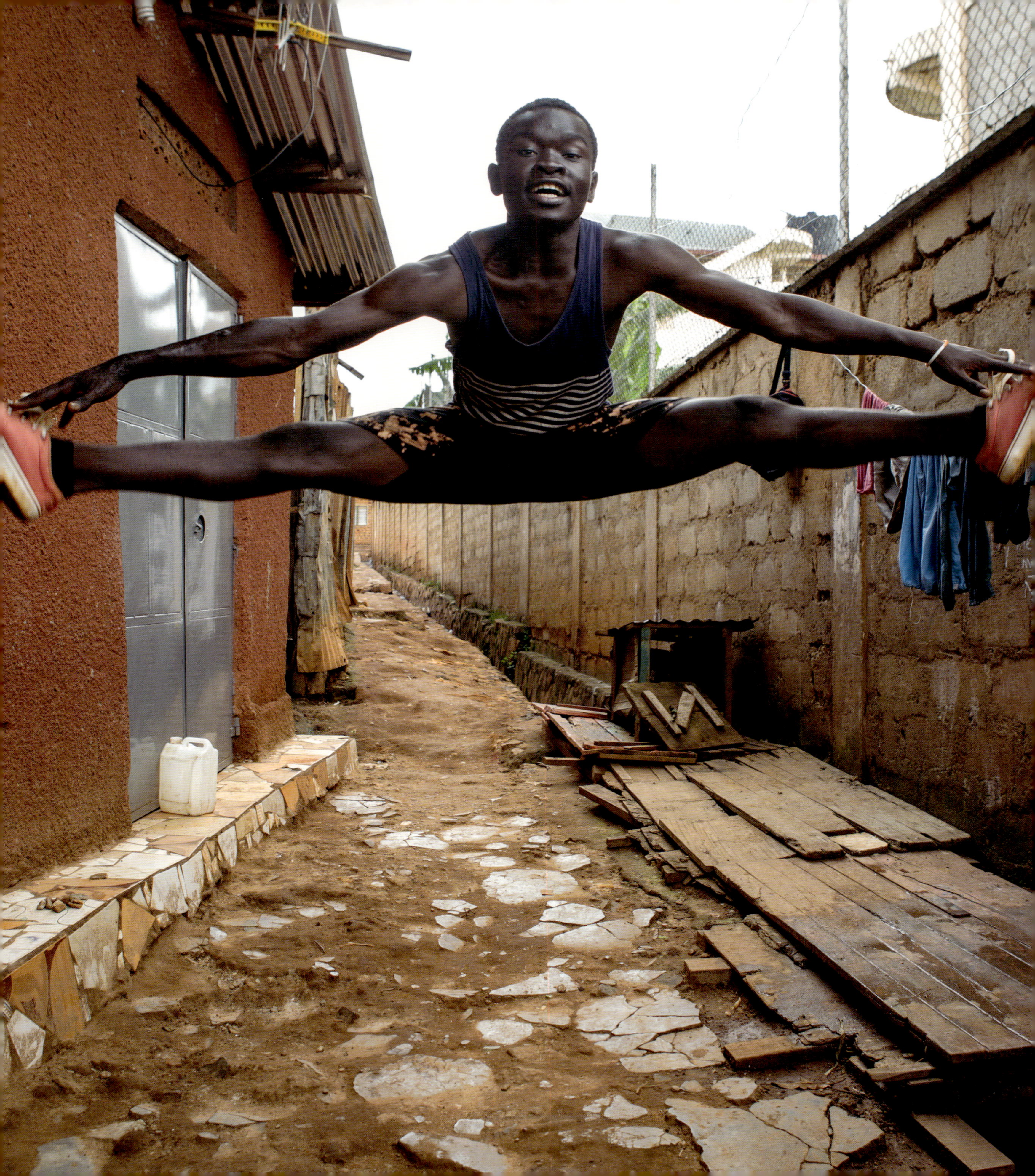

El hedor en Kibuli, el gueto en el que vive Hamuza, es insoportable. La canalización de aguas fecales es deficiente y hay residuos estancados por todas partes, pero cualquier sitio es bueno para practicar su pasión: la danza.

The stench in Kibuli, the ghetto where Hamuza lives, is unbearable. The sanitary waste water drainage system is poor and rubbish is piled up everywhere, but anywhere is good for practising his passion for dance.

El salto de Hamuza.
Hamuza's leap.

Art for change

In Movement is an NGO that works with young people using art as a tool for social change. The organisation provides arts education classes in painting, music, poetry, dance, graffiti, theatre, photography and, of course, circus. This helps youngsters' self-confidence, keeps them stimulated and improves their self-esteem.

Arte para el cambio

In Movement es la ONG que trabaja con jóvenes a través del arte como herramienta para el cambio social. Es educación artística traducida en clases de pintura, música, poesía, danza, grafiti, teatro, fotografía y, por supuesto, circo. Esto les estimula y les ayuda a ganar seguridad y autoestima.

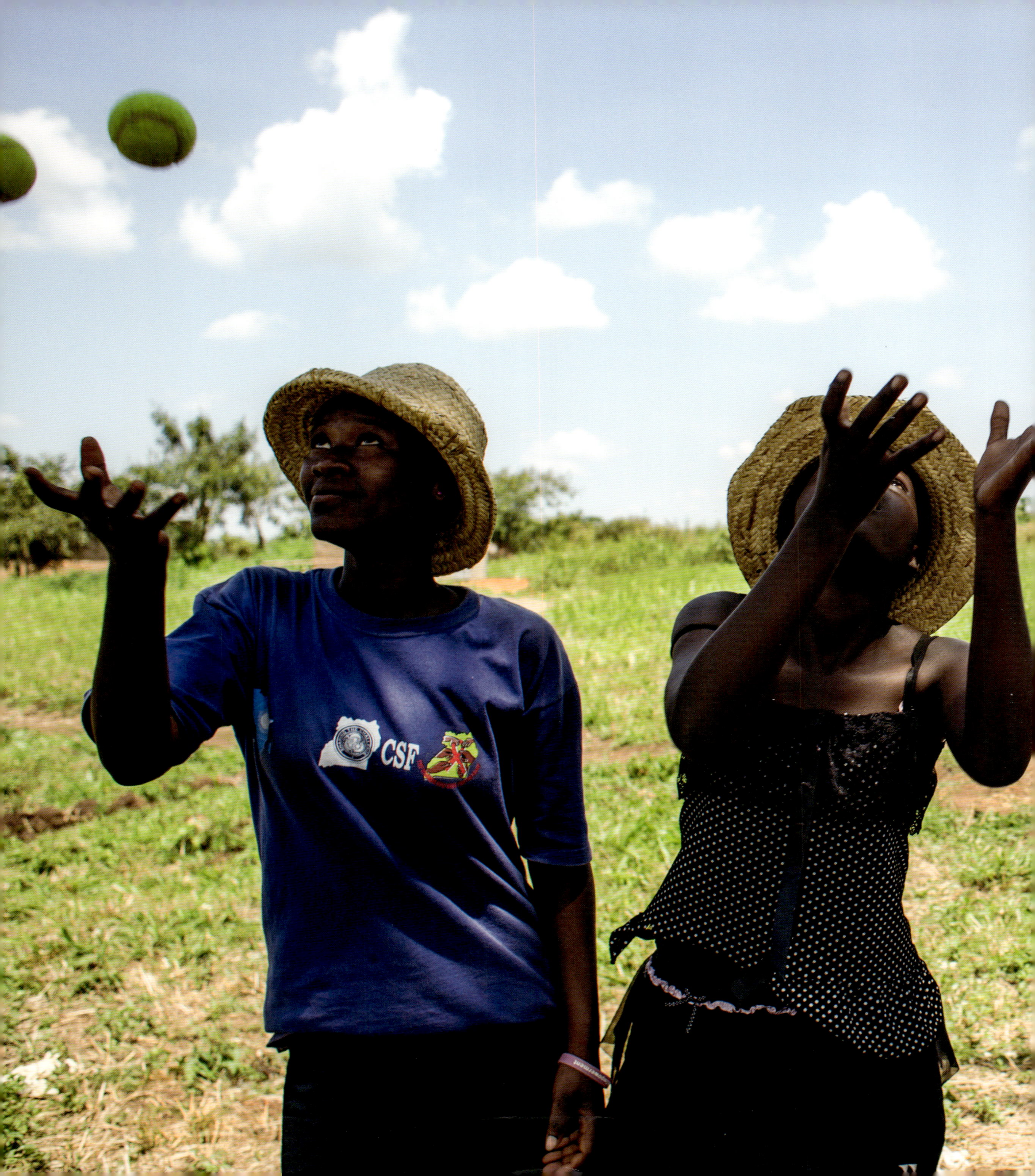

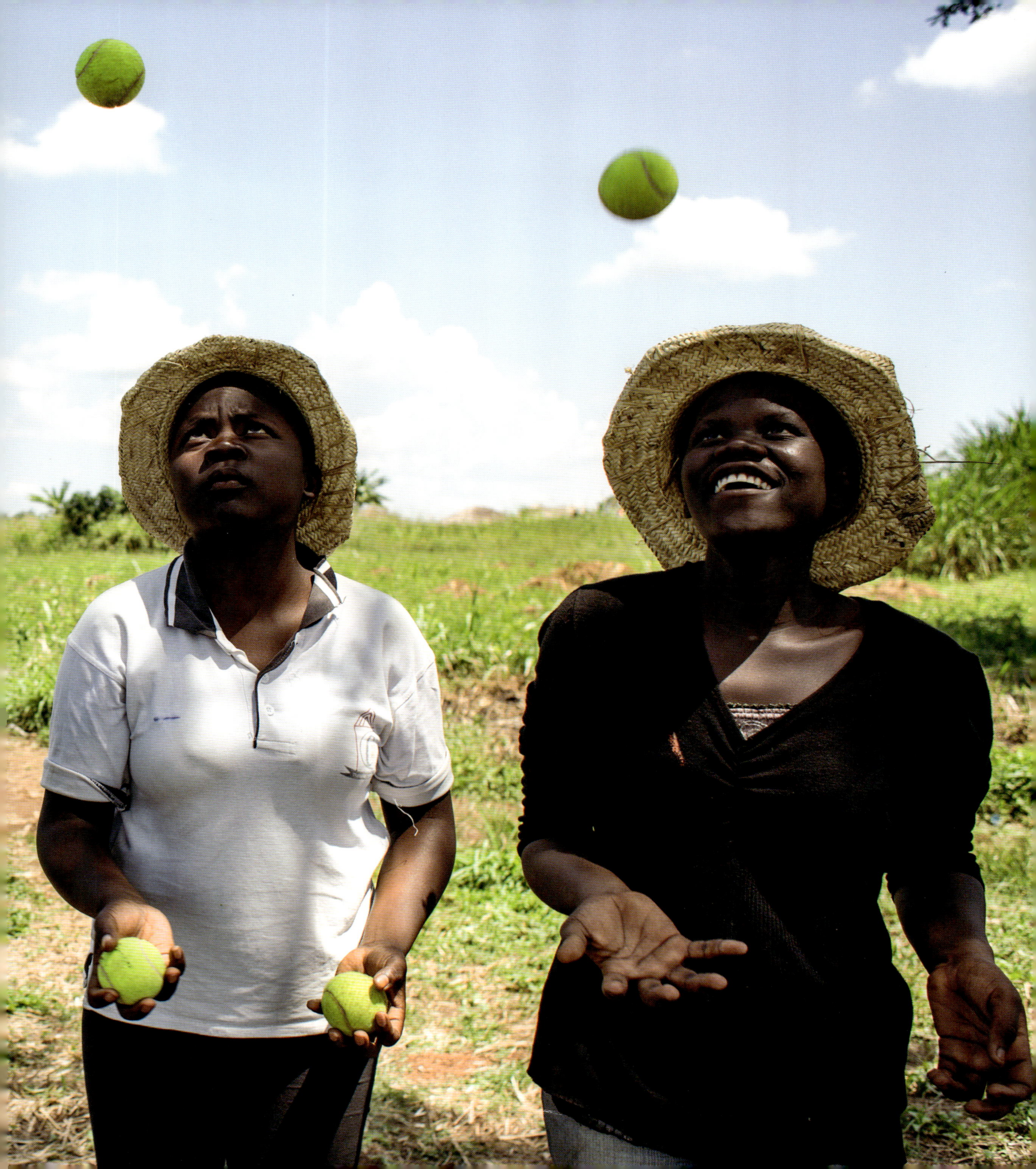

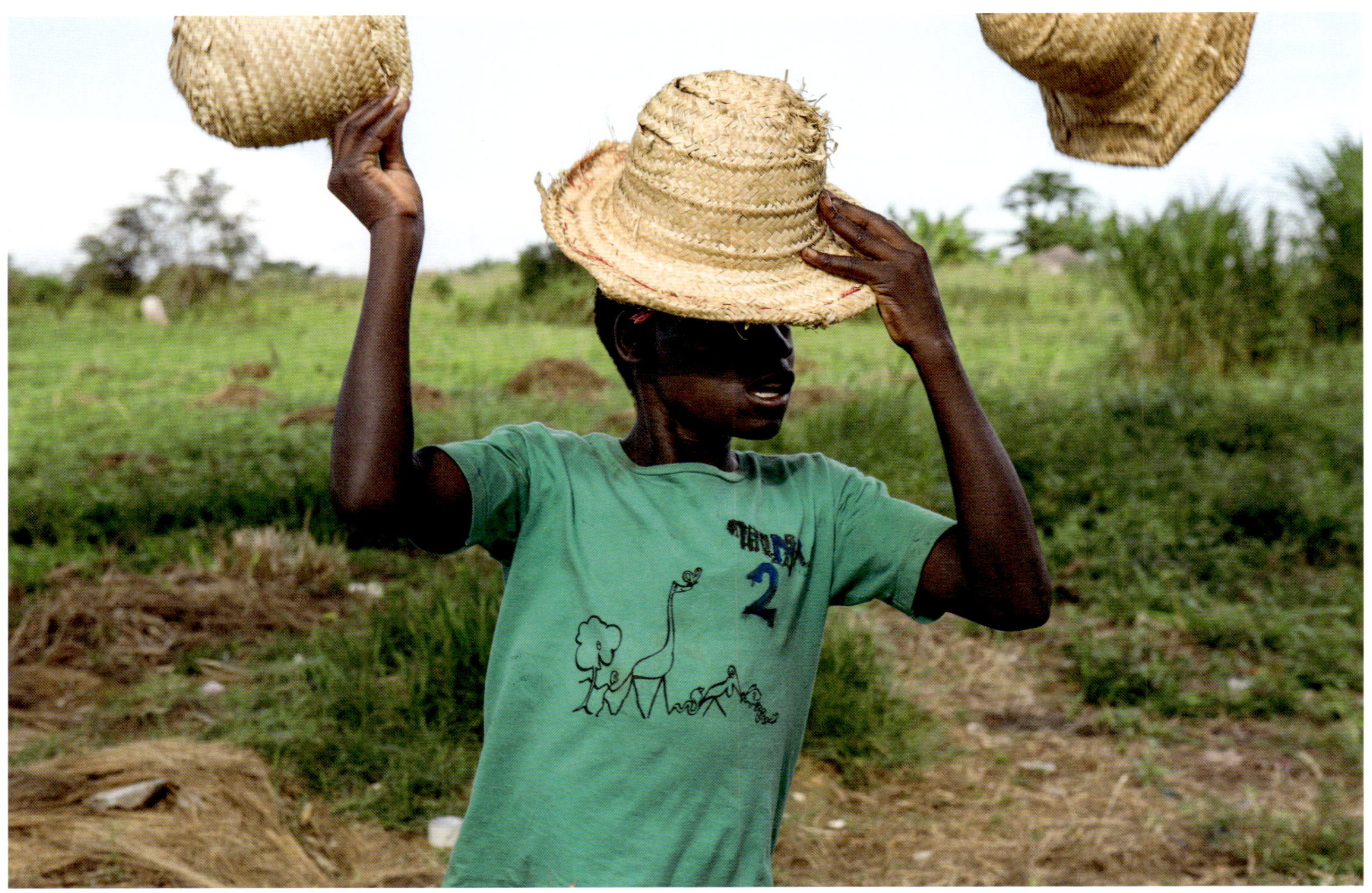

Niños practicando juegos circenses para poder actuar
profesionalmente y obtener así ingresos económicos.
Children practising circus games so they can perform
professionally and earn their own living.

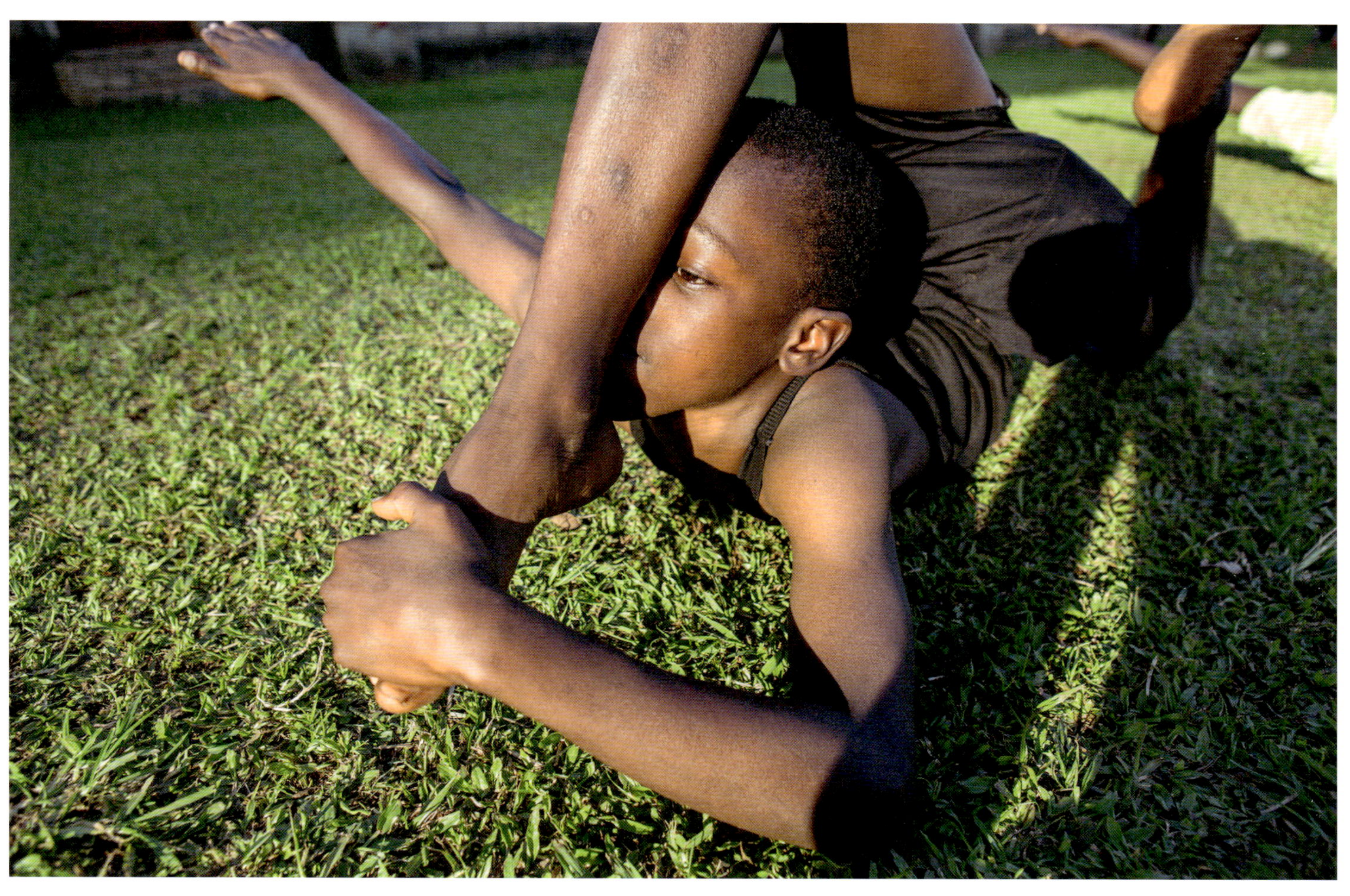

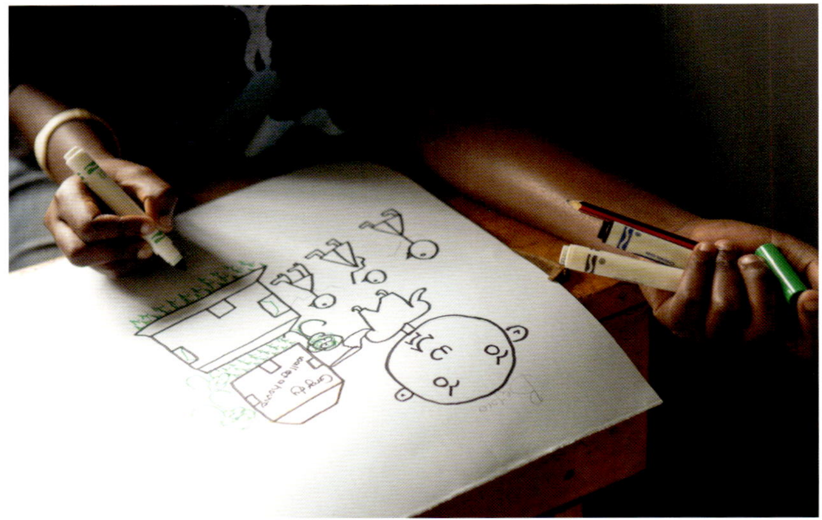

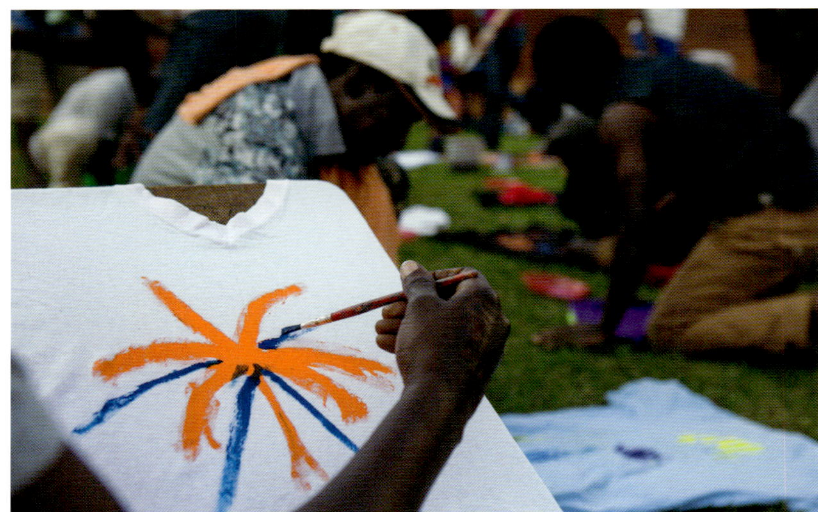

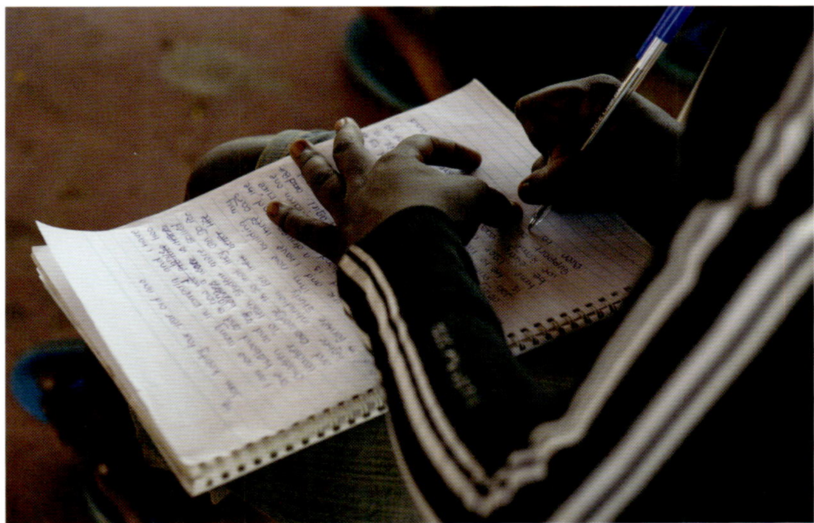

Art for Change

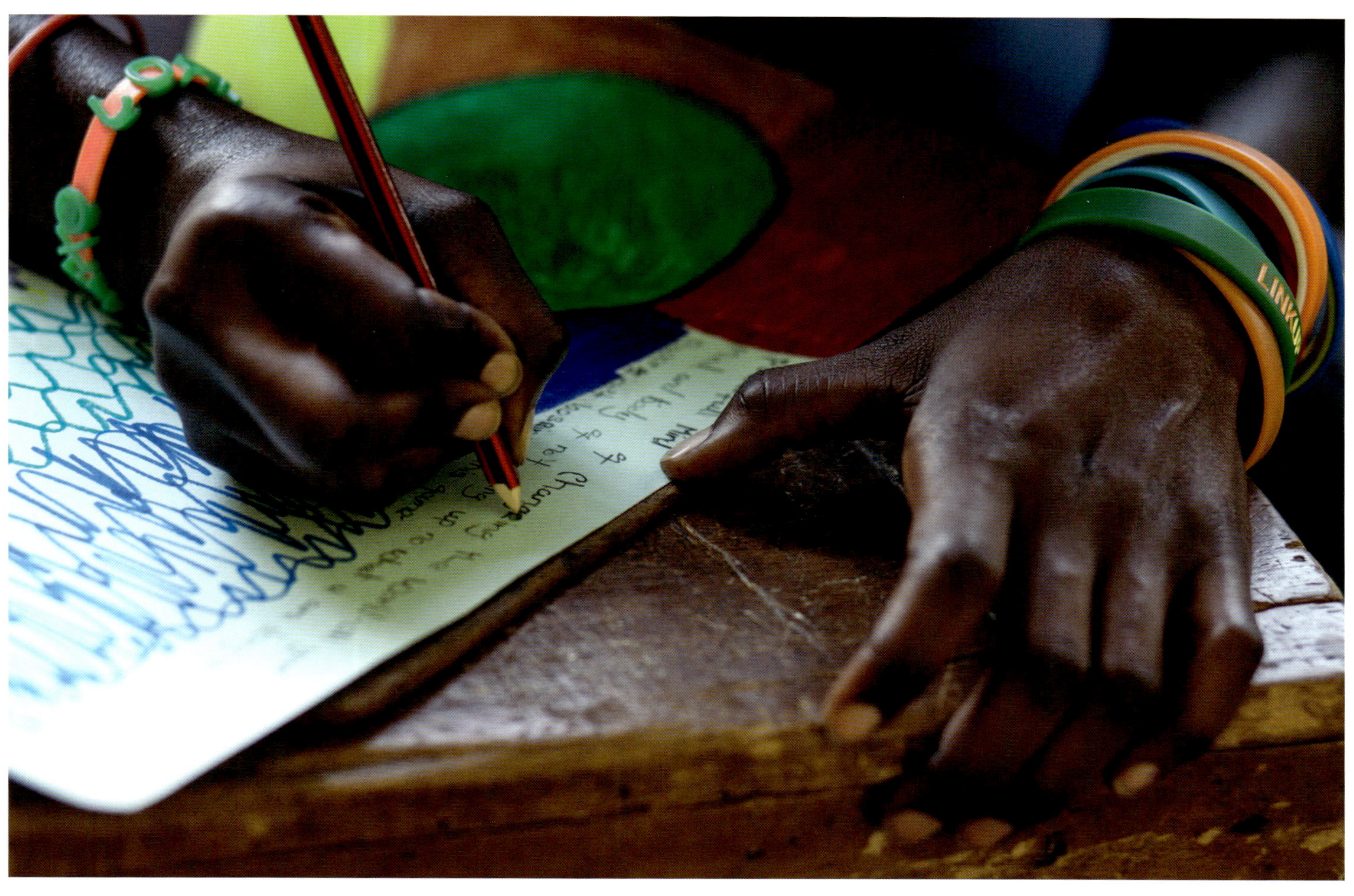

Pintar camisetas o diseñar pulseras no es el objetivo
sino el camino hacia el desarrollo de la creatividad.
Painting T-shirts and designing bracelets is not the goal,
it is a way of developing creativity.

Frank

Mugisha Frank vive en el gueto de Makindye, Kampala, con ocho de sus doce hermanos. Acude a diario a clases de baile, quiere ser abogado y hombre de negocios.

Mugisha Frank lives in the ghetto of Makindye, Kampala, with eight of his twelve siblings. He goes to dance classes every day, and he wants to be a lawyer and a businessman.

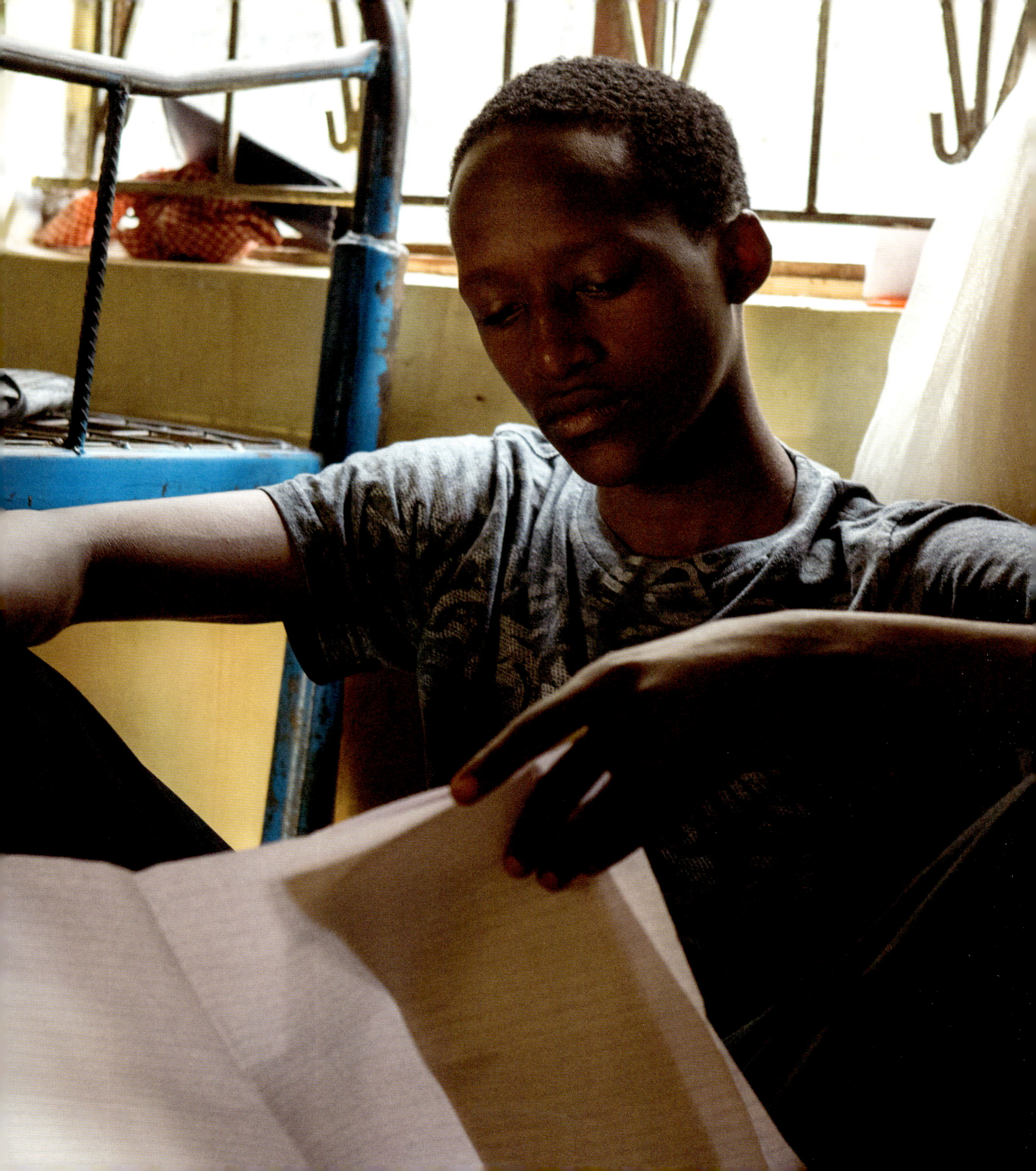

«He observado que para mejorar necesito orientación de otros, crítica constructiva... Gracias a eso, aquí también estoy aprendiendo a ser autocrítico. Creo que ahora soy mejor persona y siento que le soy útil a la comunidad».

Mugisha Frank , 15 años.

"I've realised that to improve I need guidance from other people, constructive criticism... Because of that, I'm also learning how to be self-critical. I think I'm a better person now and I feel I'm being useful to the community."

Mugisha Frank, aged 15.

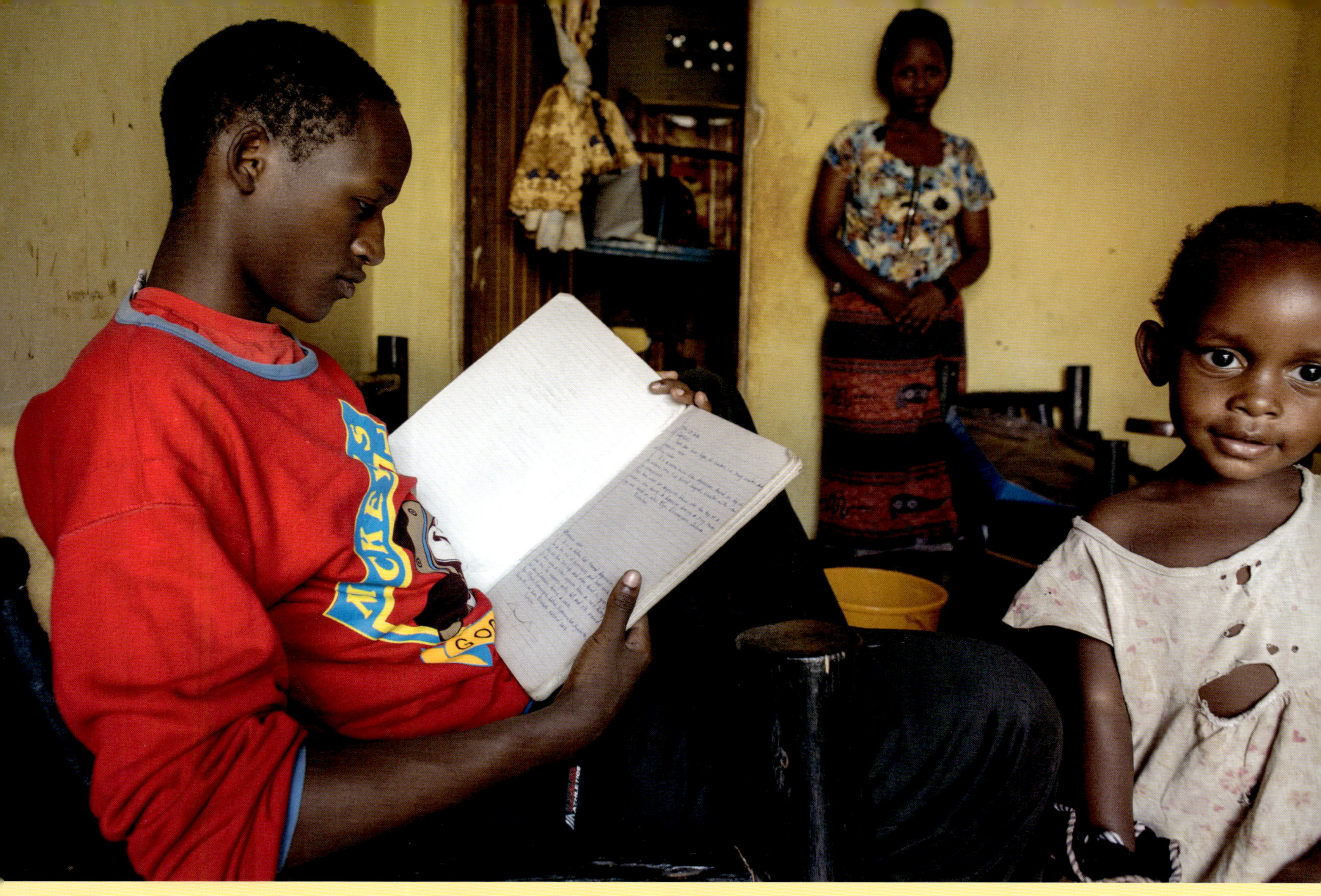

Mugisha Frank intenta estudiar en su casa, de diez metros cuadrados, pero le es complicado concentrarse porque la comparte con sus ocho hermanos.
Mugisha Frank tries to study at his home, which is barely ten metres square, but it's difficult for him to concentrate because he shares it with his eight siblings.

Frank era un niño tímido, mal estudiante,
con desidia y sin ningún interés por nada en
particular: «Somos doce hermanos de distintas
madres y, bueno, nunca he recibido mucha
atención en casa, somos tantos...». A través de las
actividades artísticas en las que participa desde
hace ya cuatro años, se despertó su curiosidad y
ha desarrollado una gran capacidad de análisis.
Hoy le gusta charlar sobre el neocolonialismo
y leer sobre las nuevas leyes que se están
aprobando en Uganda.

Frank was a shy child, a weak student, with
little enthusiasm and no interest in anything in
particular: "There are twelve of us with different
mothers and, well, nobody has ever taken much
notice of me at home, there are so many of us..."
The arts activities he has been involved in over
the last four years aroused his curiosity and he
has begun to show a great ability for analysis.
Nowadays he likes to discuss neo-colonialism
and read about the new laws being passed
in Uganda.

El salto de Frank.
Frankss leap.

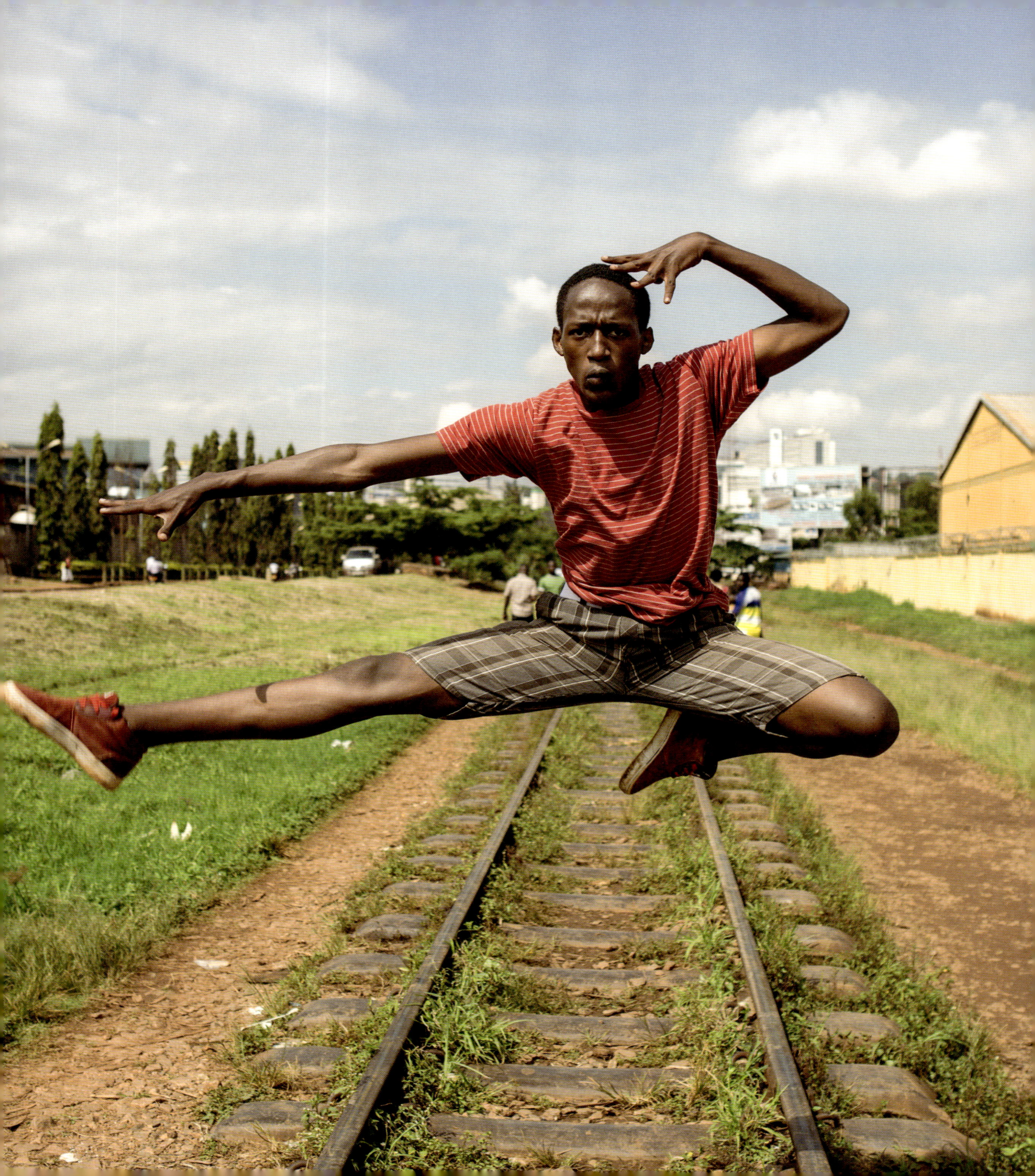

«Intentar que un niño oprimido, desarticulado por la pobreza y las vejaciones de la guerra o la orfandad, pueda conseguir su sentido de la identidad e iniciativa es fundamental. La pobreza es una trampa que genera una baja autoestima y eso tiene unas consecuencias nefastas para el ser humano.

Atender las necesidades primarias es una emergencia, sin duda, pero "no solo de pan vive el hombre". Sin embargo, parece que impulsar el desarrollo de la creatividad y ofrecer acceso a la cultura o al arte es solo patrimonio de las sociedades más desarrolladas. Cuando está de sobra demostrado que estos estímulos son imprescindibles para romper el ciclo perverso de la pobreza y crear una sociedad avanzada».

Begoña Caparrós, abogada, actriz y fundadora del proyecto In Movement, en el año 2006.

"Trying to help an oppressed child who has been torn apart by poverty and the hardships of war or orphanage to regain their sense of identity and their initiative is fundamental. Poverty is a trap that causes low self-esteem and this has terrible consequences for human beings.

Looking after their immediate needs is obviously urgent, but people don't live by bread alone, as they say. However, it seems that promoting the development of creative skills and offering access to culture and art is the prerogative of the most well-developed societies. It has been shown time and time again that this kind of stimulation is essential for breaking the vicious circle of poverty and creating an advanced society."

Begoña Caparrós, lawyer, actress and founder of the In Movement project in 2006.

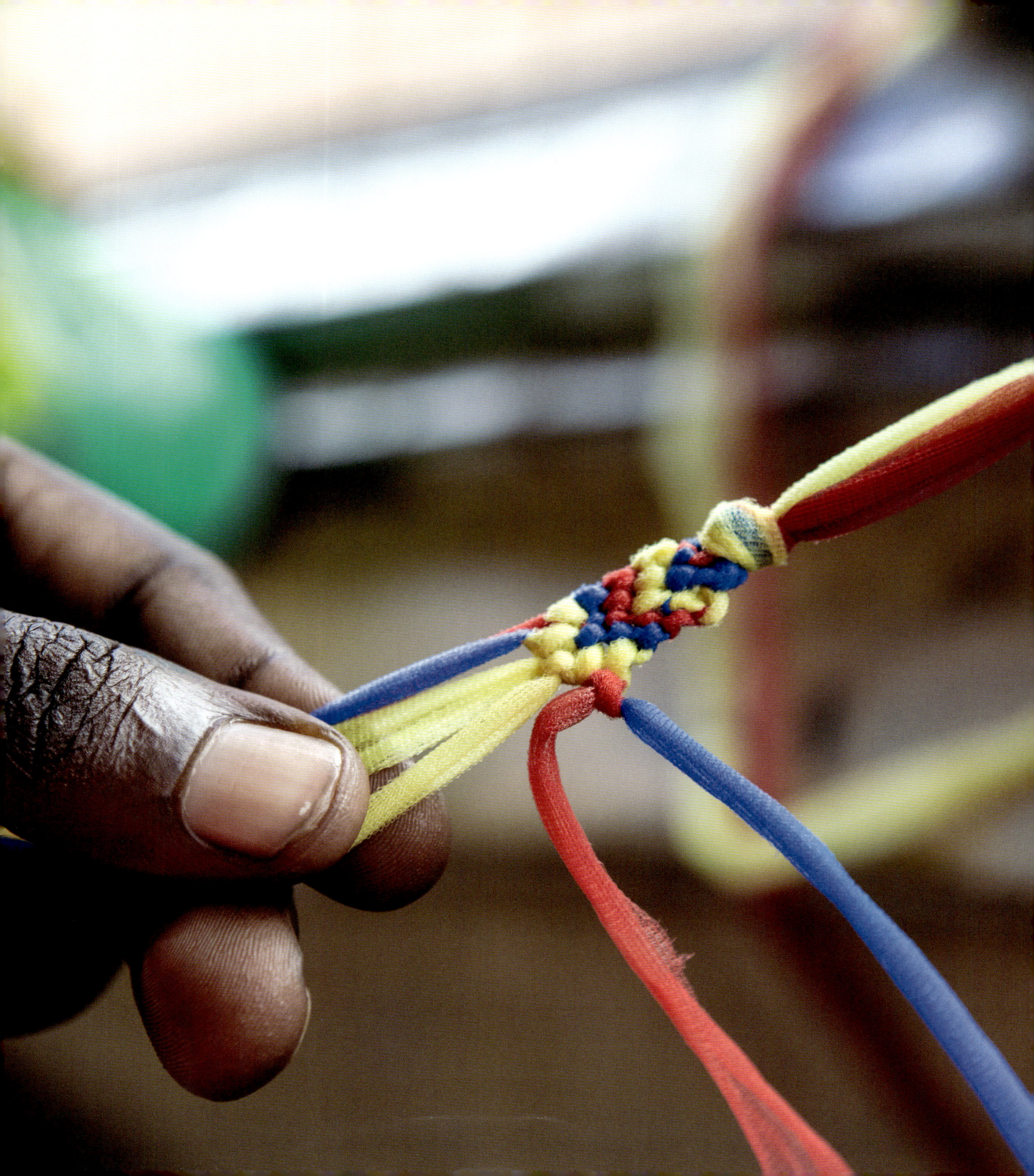

Oscar

Kibuuka Mukisa Oscar empezó fotografiando el mundo del breakdance. Le dejaron una cámara compacta para hacer algunas fotos al Breakdance Project Uganda y hoy, seis años después, continúa con ese proyecto documental. A sus veintidós años, Kibuuka Mukisa Oscar paga los objetivos de su cámara con microcréditos. Ha dirigido tres documentales y es profesor de fotografía para niños sin recursos.

Kibuuka Mukisa Oscar began taking photographs of the world of breakdance. Someone lent him a compact camera to take some photos at the Breakdance Project Uganda and now, six years later, he is continuing to work on this documentary project. At twenty-two, Kibuuka Mukisa Oscar pays for his camera lenses with microcredits. He has directed three documentaries and teaches photography to underprivileged children.

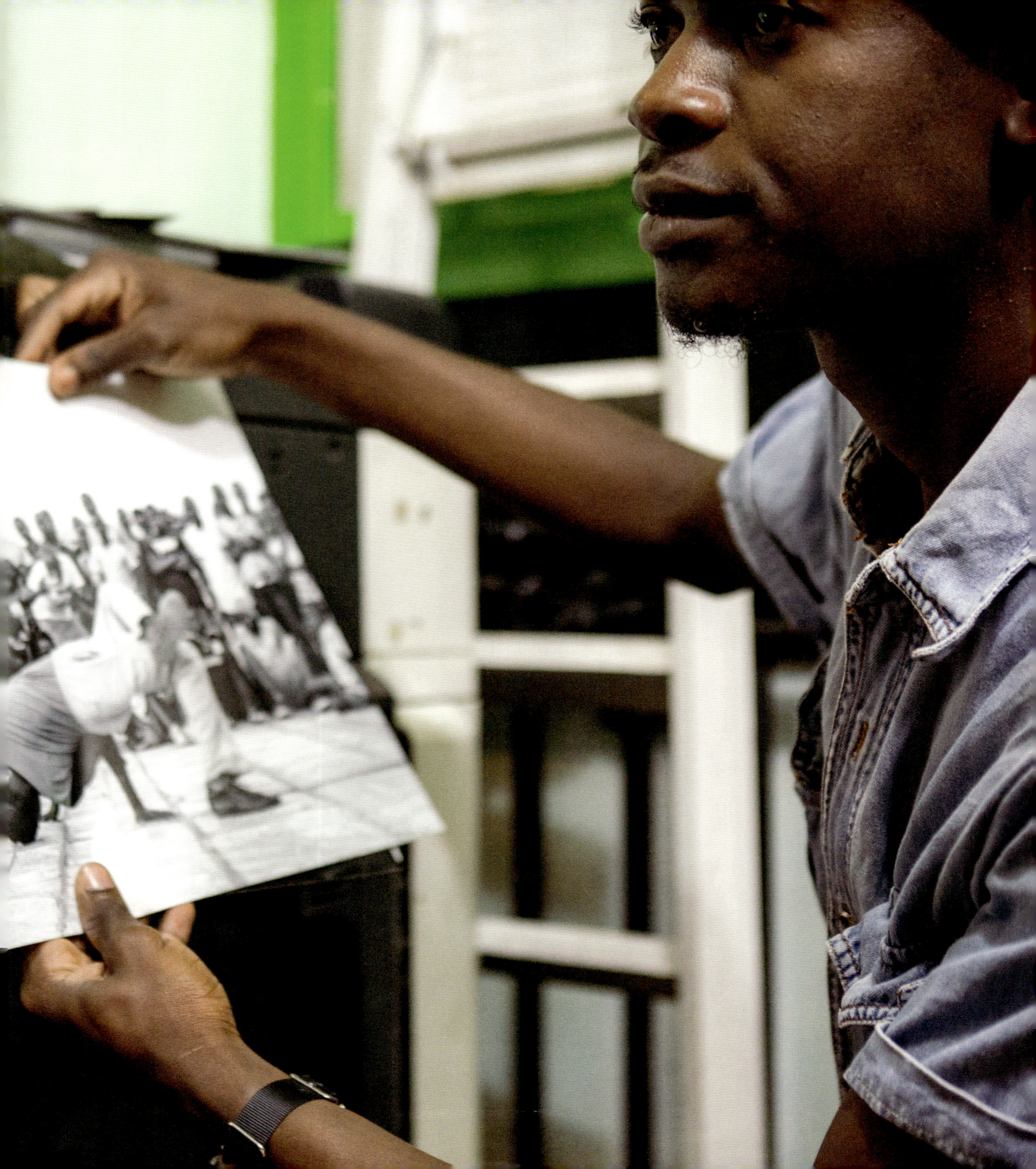

«Vivo el arte como terapia».

Kibuuka Mukisa Oscar,
22 años, fotógrafo y director
de documentales.

"I experience art as therapy."

Kibuuka Mukisa Oscar,
22 years old, photographer
and director of
documentary films.

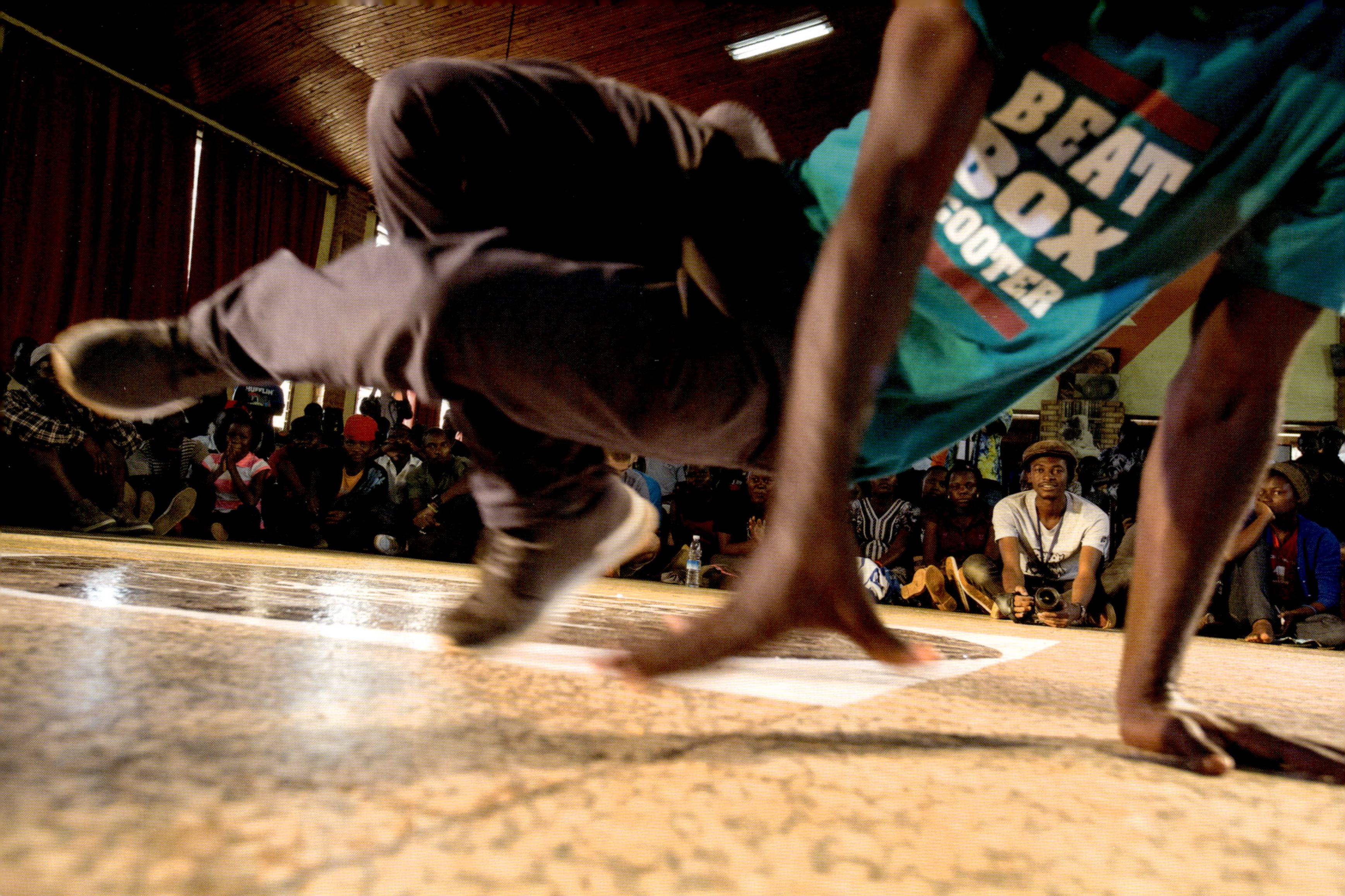

Kibuuka Mukisa Oscar fotografía a los participantes del Breakfast Jam, competición de breakdance que se celebra anualmente en Kampala.

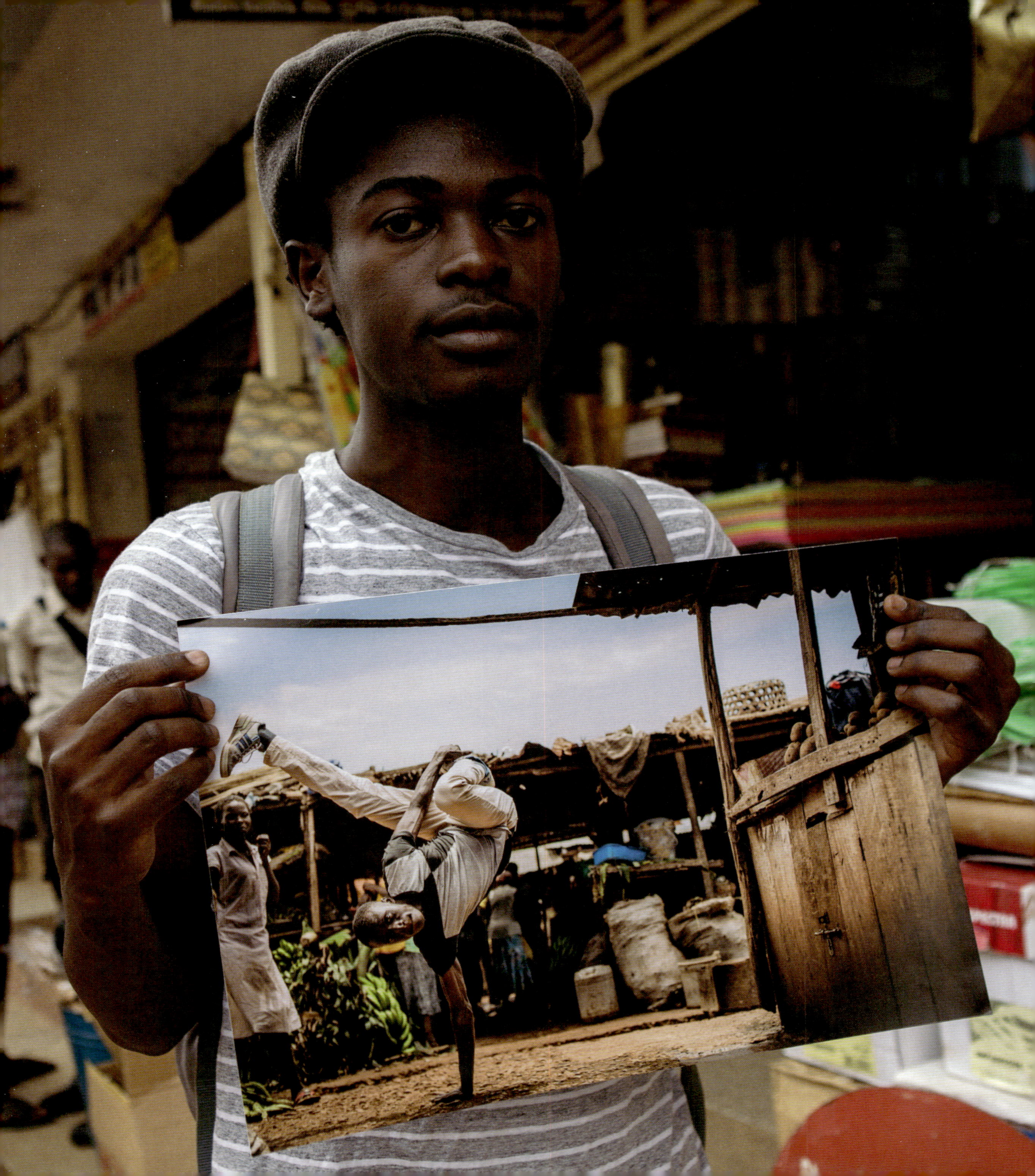

El proyecto a largo plazo de Kibuuka
Mukisa Oscar es hacer un libro que recoja
fotografías de bailarines de breakdance en
países africanos y mostrar a las distintas
tribus urbanas que nutren el
continente africano.

Kibuuka Mukisa Oscar's long-term project
is to produce a book with photographs of
breakdance performers in African countries
and show the various urban tribes that thrive
on the African continent.

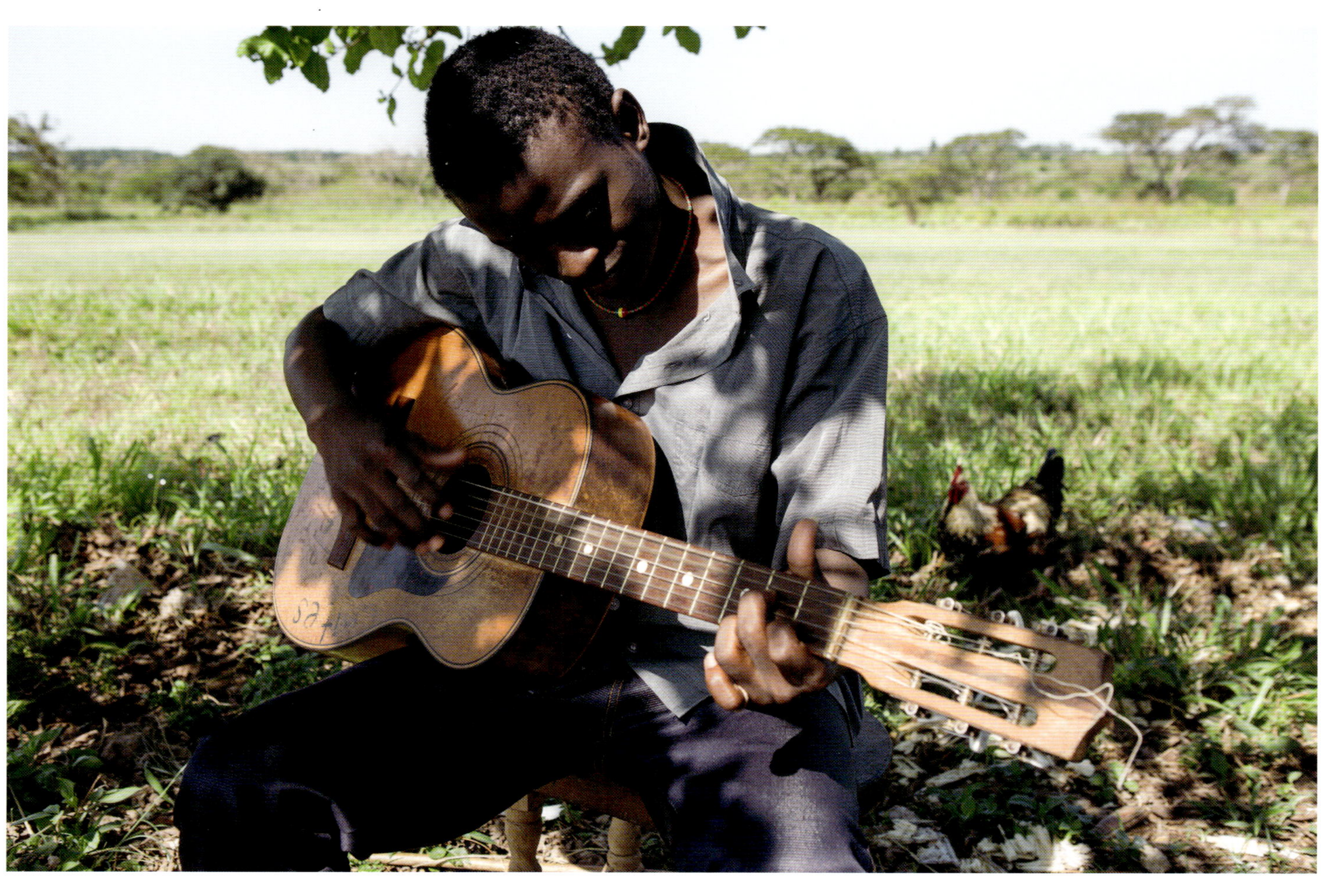

Juma Kasozi, 18 años. Hope North, 2014.
Juma Kasozi, aged 18. Hope North, 2014.

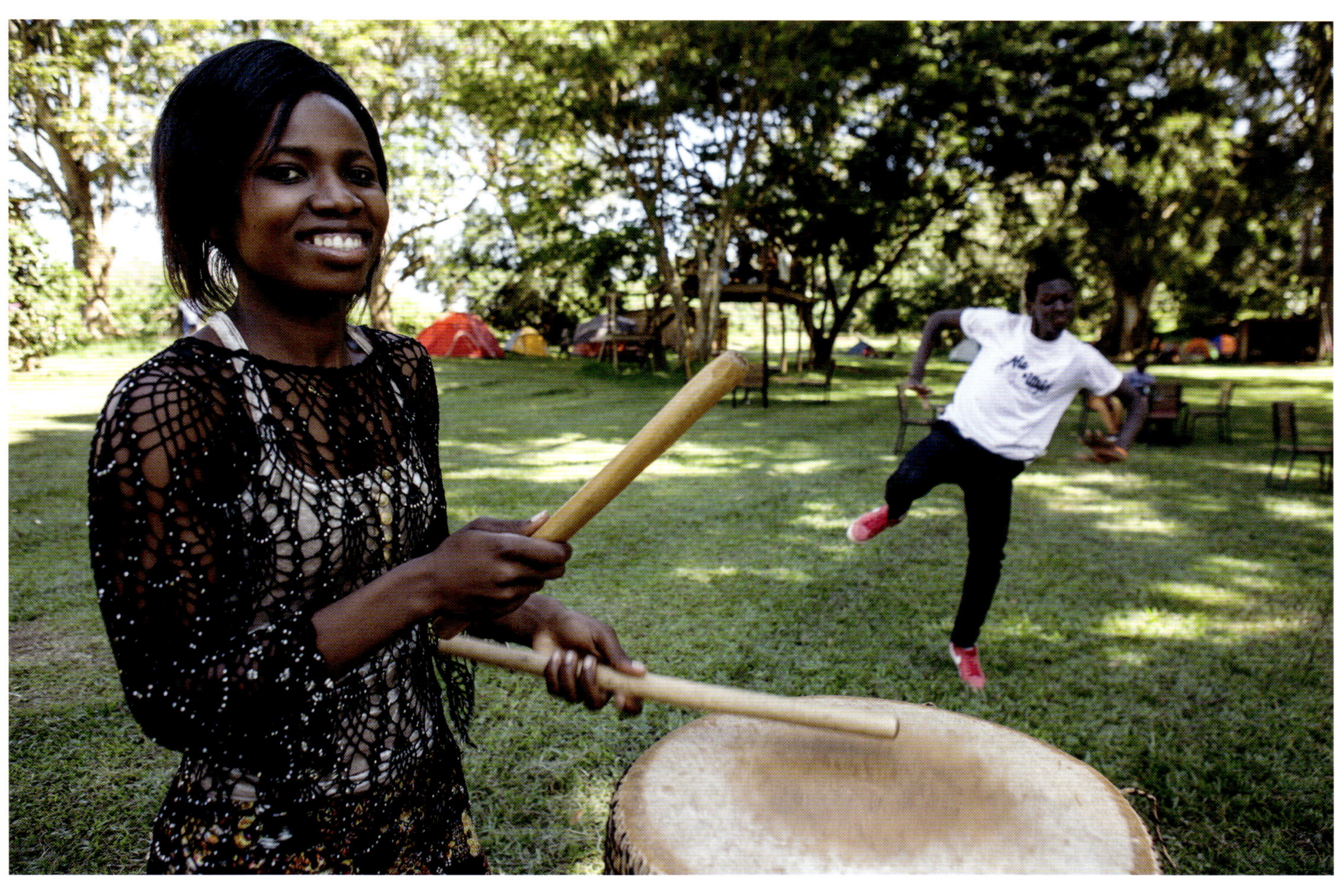

Jardines del Lago Victoria, 2014.
Gardens of Lake Victoria, 2014.

Kakande Abdala. Kisubi, 2014.

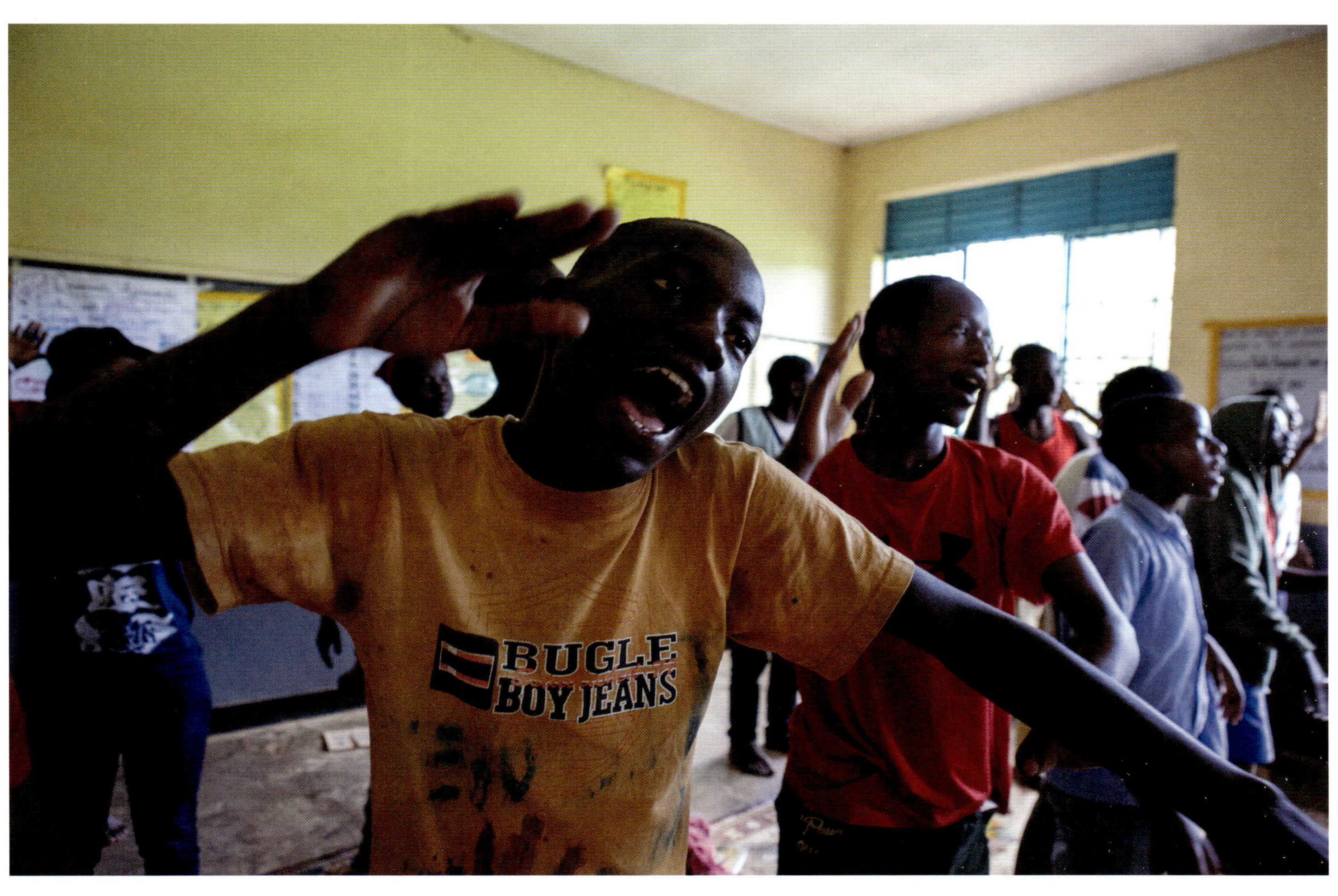

An Oasis for the Children of War

Hope North is a school set up 16 years ago by Sam Okello and takes in child victims of the civil war, including orphans and child soldiers, equipping them with the skills to become spokespeople for peace and development.

Un oasis para
los hijos de la guerra

Hope North es una escuela fundada hace 16 años por Sam Okello, que acoge a niños víctimas de la guerra civil, incluidos huérfanos y niños soldados, y los capacita para convertirse en voces por la paz y el desarrollo.

Jeff

El momento más feliz de su vida fue cuando empezó a trabajar como animador artístico en In Movement hace un año: ahora esta ONG es como su casa y su familia. Le gusta enseñar a los niños recién llegados lo que él ha aprendido. Tras muchos años perdido, e incluso viviendo en la calle, ahora siente que sabe quién es, y eso le fortalece. Siempre lleva su pequeña cámara de fotos encima y documenta lo que sucede a su alrededor. Quiere ser un gran director de cine.

The happiest moment of his life was when he started working as artistic events organizer at In Movement one year ago: now this NGO is the equivalent of his home and his family. He likes to teach newly arrived children what he has learned. Having been lost for many years, even living on the streets, he now feels like he knows who he is, and that makes him stronger. He always carries with him a small camera and documents what takes place around him. He wants to become a great movie director.

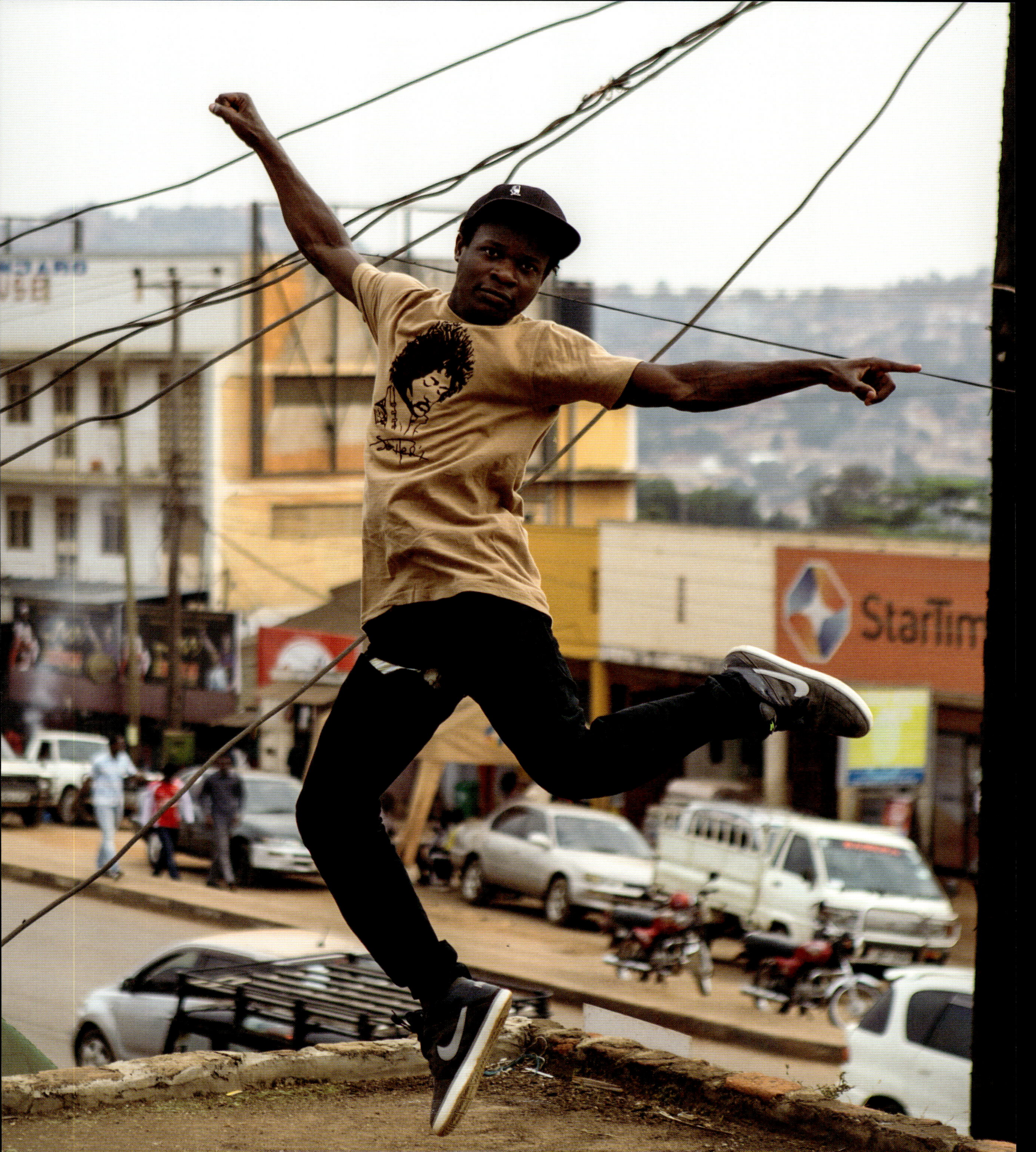

StarTim

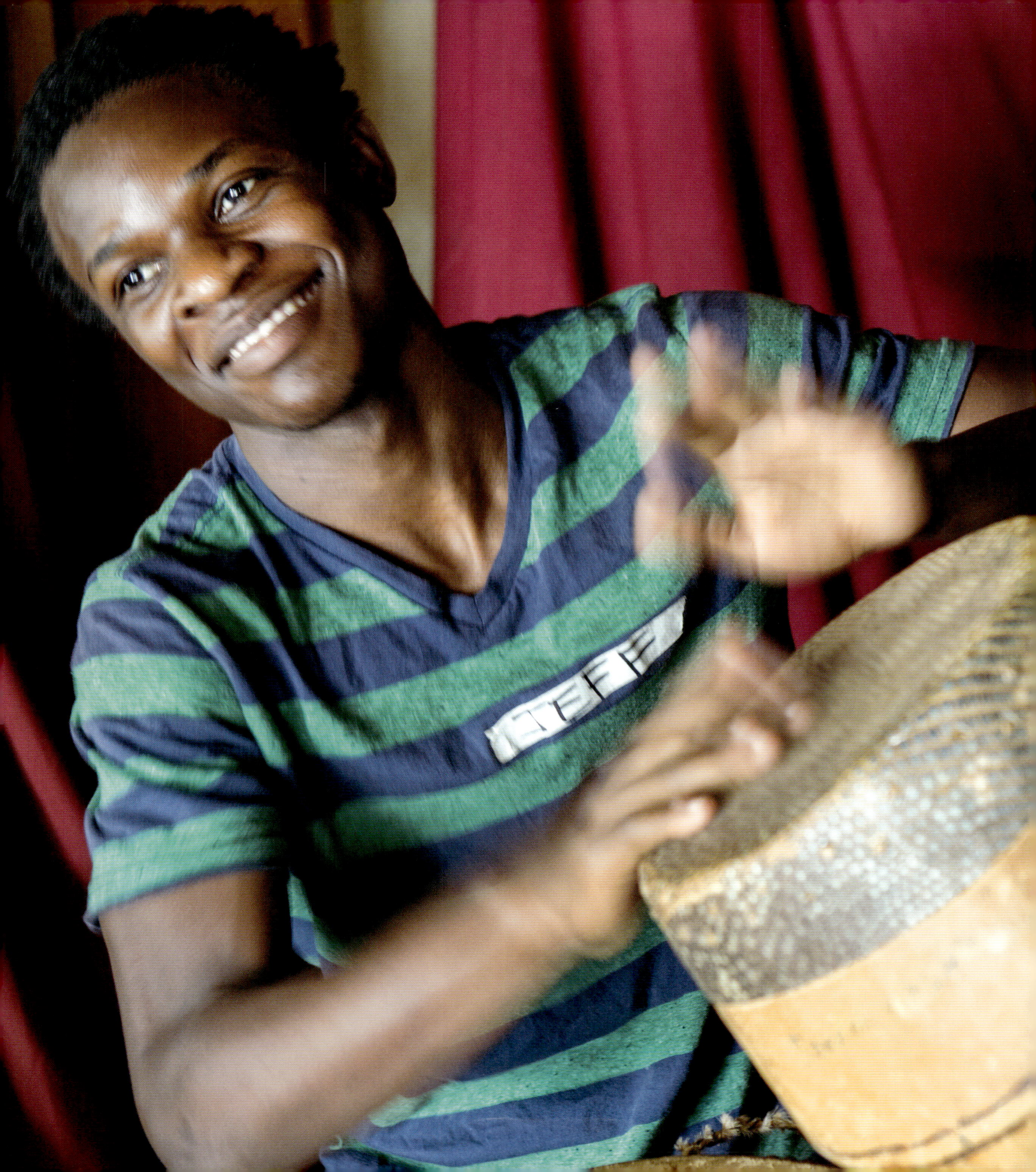

«A los ocho años estaba totalmente perdido, mi padre acababa de morir y mi madre no podía hacerse cargo de sus siete hijos, así que tuve que dejar el colegio para ayudar en casa. Empecé a bailar sin saber que era una terapia para evadirme de lo que estaba viviendo».

Ssemaganda Jeff Kenneth, 20 años.

"At aged eight I was completely lost, my father had just died and my mother couldn't look after her seven children, so I had to leave school to help out at home. I began to dance without knowing it was a therapy for getting away from what I was going through."

Ssemaganda Jeff Kenneth, aged 20.

Página 83: El salto de Jeff.
Page 83: Jeff's leap.

This centre has an art school, a vocational training school and a farm school. Thousands of vulnerable young people have lived in Hope North and nowadays, football tournaments, theatre productions and educational activities are held in various towns across northern Uganda, the most heavily destroyed area during the civil war.

Este centro cuenta con una escuela de arte, otra de formación profesional y una granja escuela. Miles de jóvenes vulnerables han vivido en Hope North y hoy se organizan torneos de fútbol, obras de teatro y actividades educativas en distintas ciudades del norte de Uganda, la zona más destruida durante la guerra civil.

El arte es un catalizador para el crecimiento personal. La música, la danza, el circo, el grafiti… son herramientas para el cambio social. Instrumentos bien orquestados que generan autoestima y confianza en estos adolescentes con pocos recursos económicos.

Art is a catalyst for personal growth. Music, dance, circus, graffiti and so on, are all tools for social change. They are well orchestrated instruments that generate self-esteem in these adolescents with scarce financial resources.

Hope North (Bweyale, norte de Uganda), con una superficie de 16 hectáreas, cuenta con un campo de fútbol donde se llevan a cabo desde talleres de música hasta clases de pintura.
Hope North (Bweyale, northern Uganda) is set on 16 hectares of land with a football pitch where everything from music workshops to painting classes are provided.

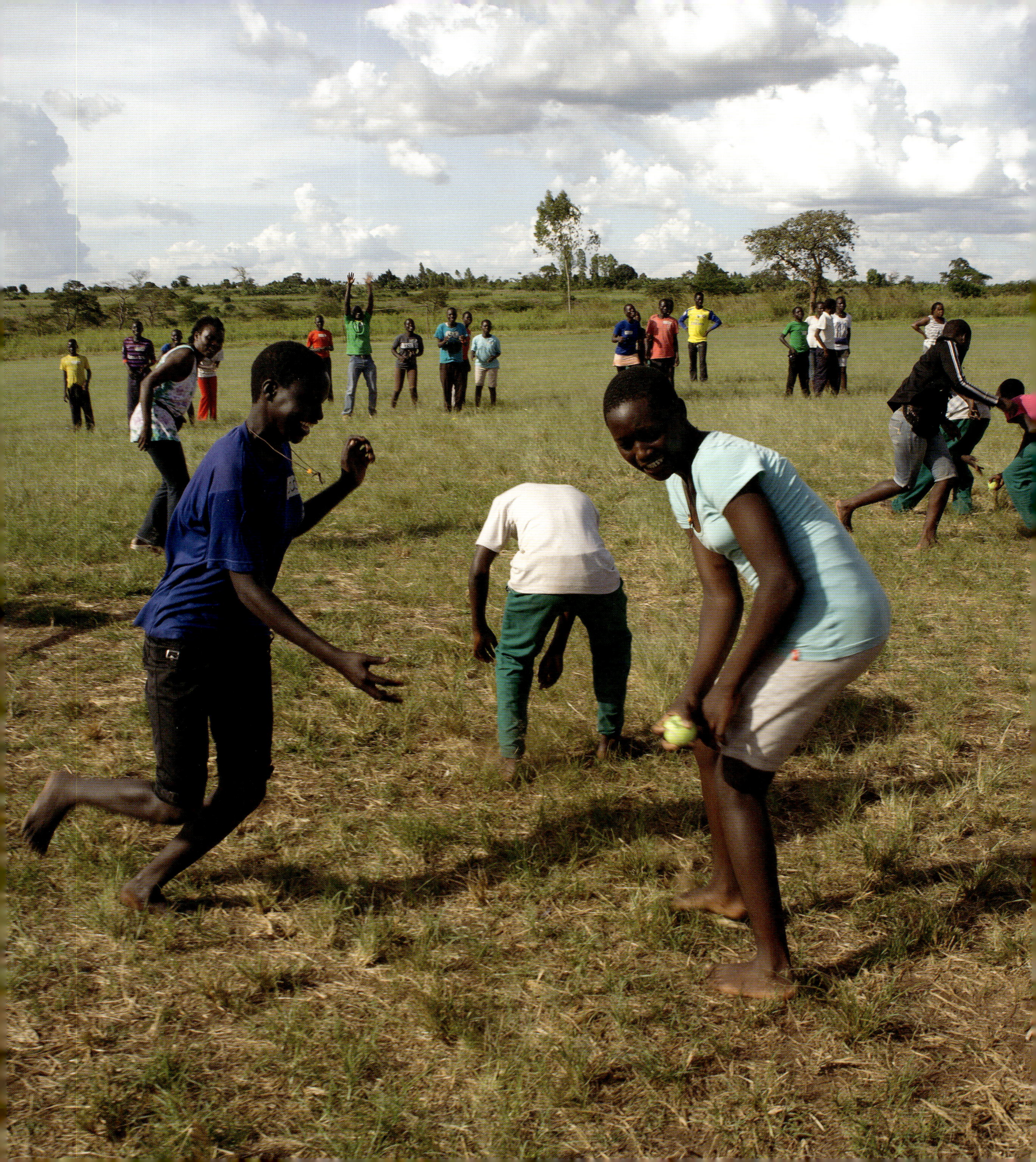

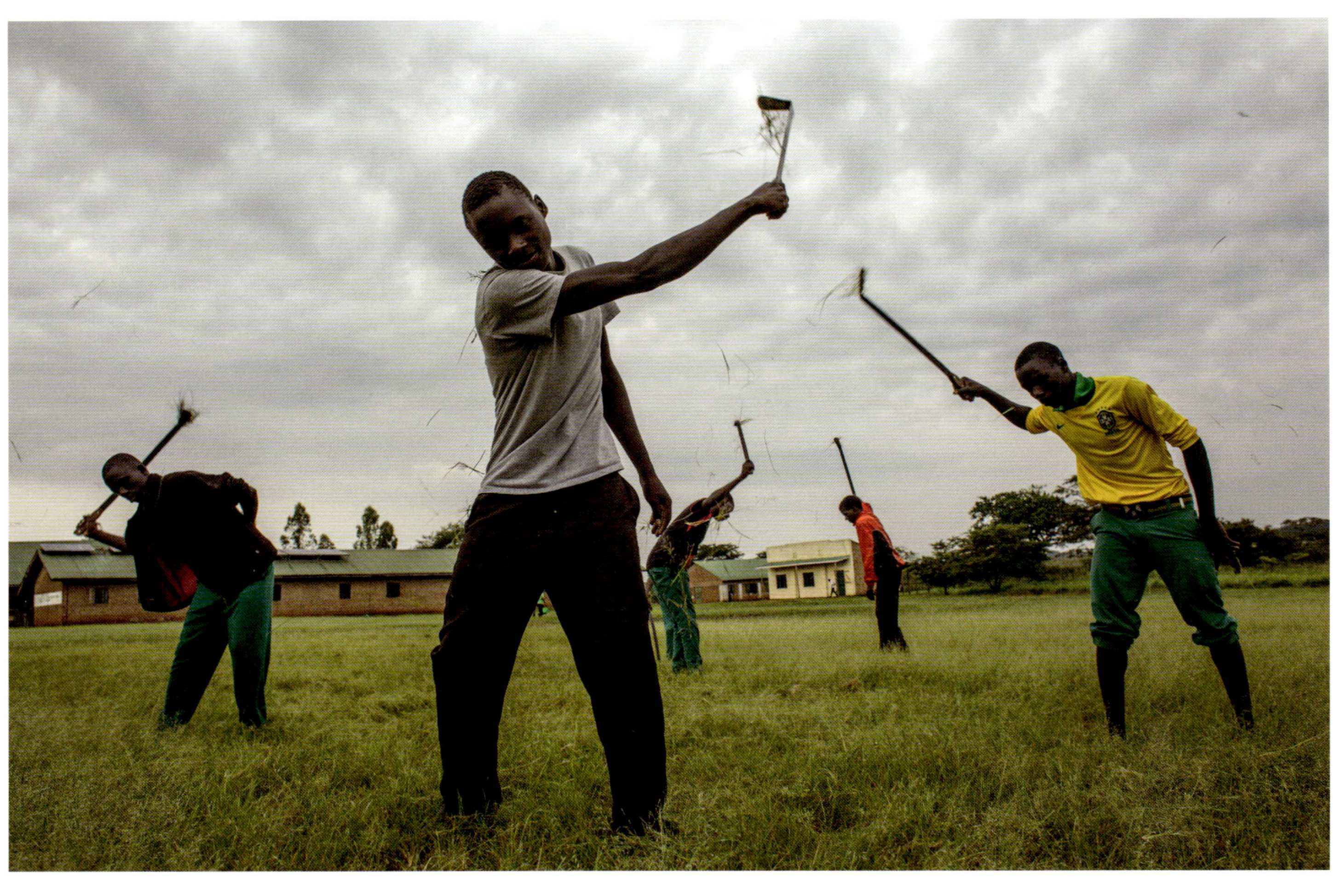

Art in Movement

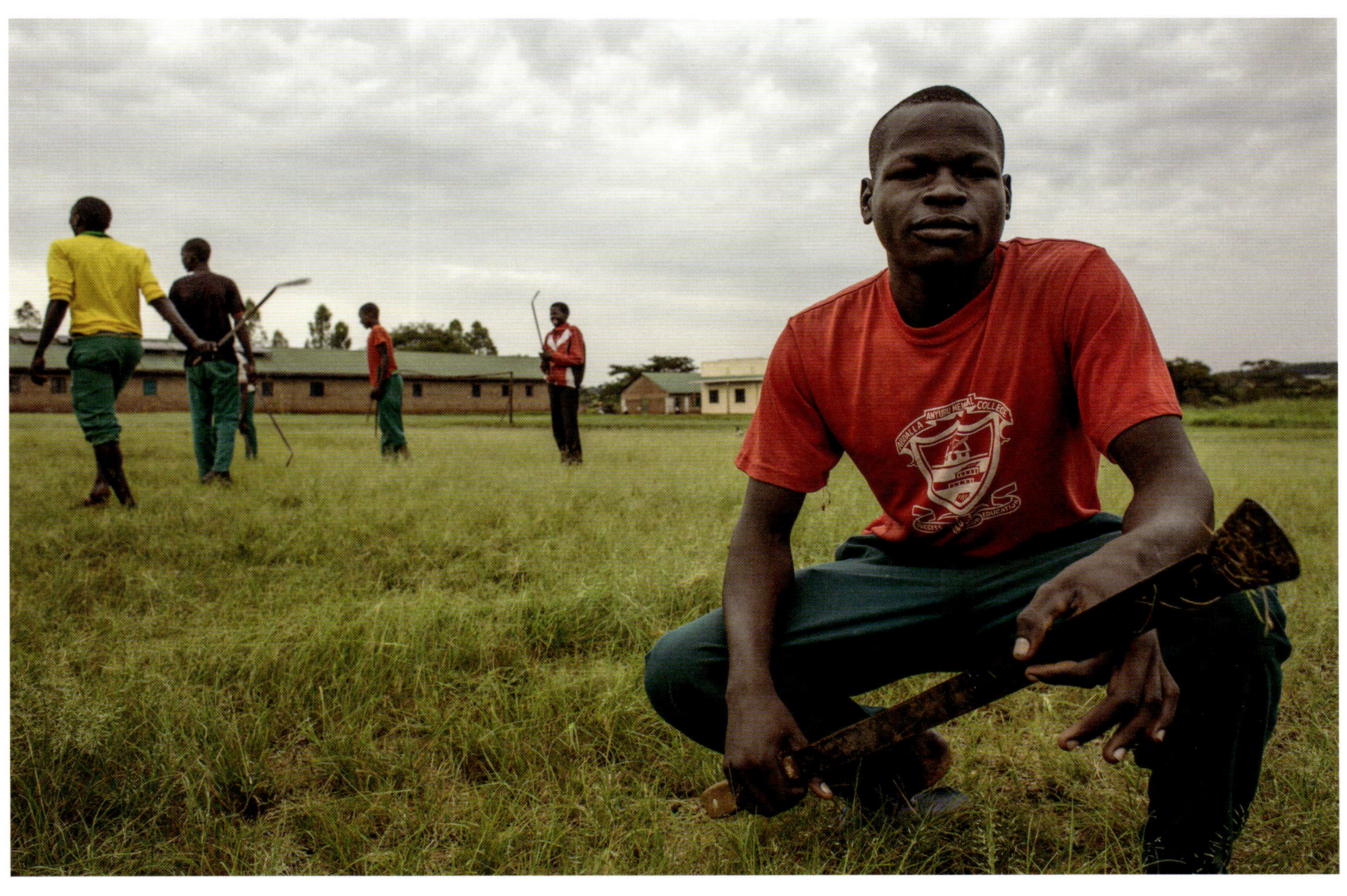

Hope North, 2014.

Hamis

Practicar y aprender juegos circenses tutelados por el artista Mark Owori es una de las actividades que se llevan a cabo en los programas de In Movement. Hamis Zzy, a la izquierda de la foto, es un *breakdance boy* del Uganda Breakdance Project. También juega fútbol y baloncesto, le interesa la fotografía y el vídeo, pero todavía no tiene claro hacia dónde quiere dirigir sus pasos en el futuro.

Learning and practising circus games under the guidance of Mark Owori is one of the activities on offer on the In Movement programmes. Hamis Zzy, on the left in the photo, is a 'breakdance boy' on the Uganda Breakdance Project. He also plays football and basketball, plus he is interested in photography and video, but he is still not sure what he wants to do in the future.

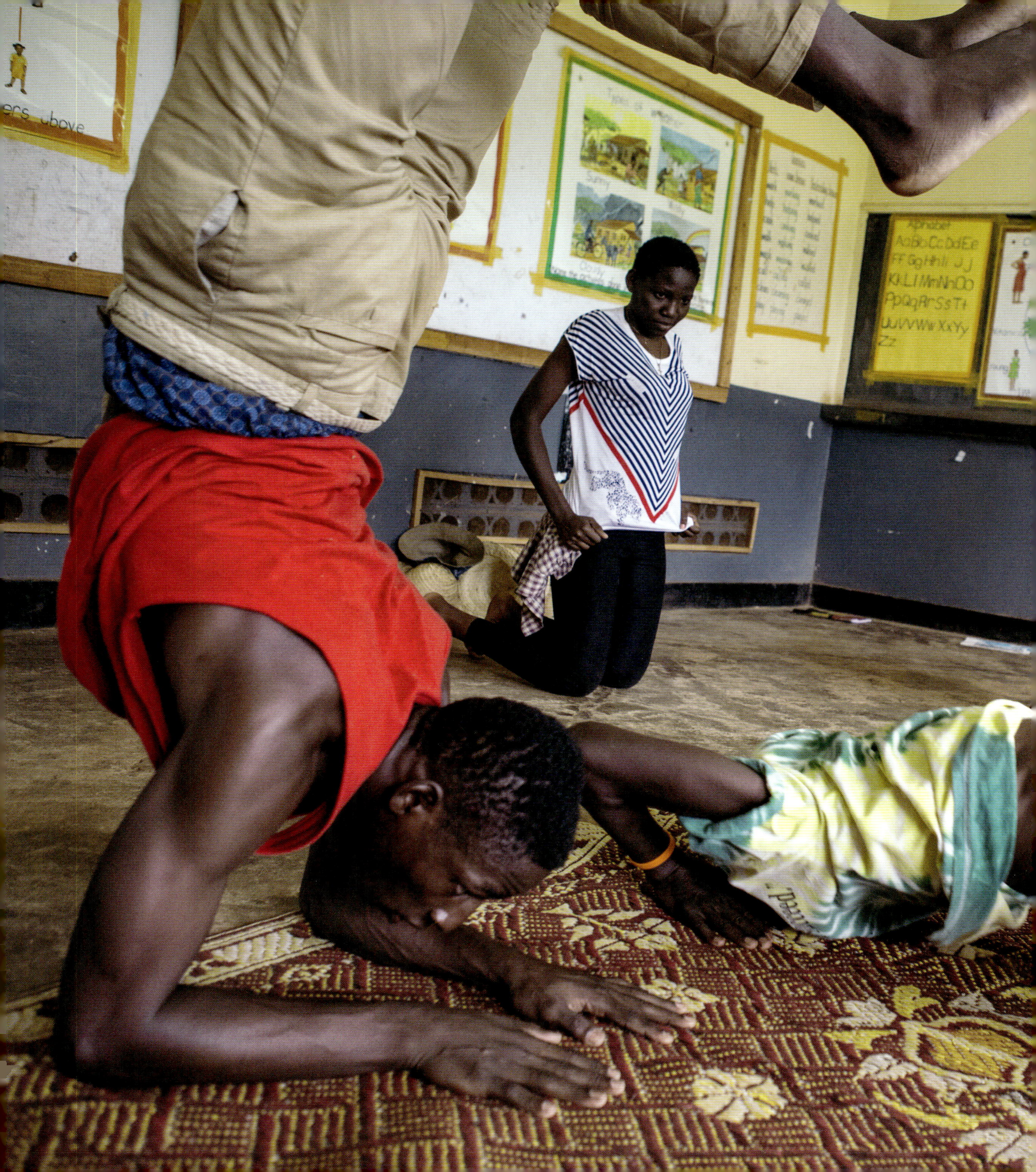

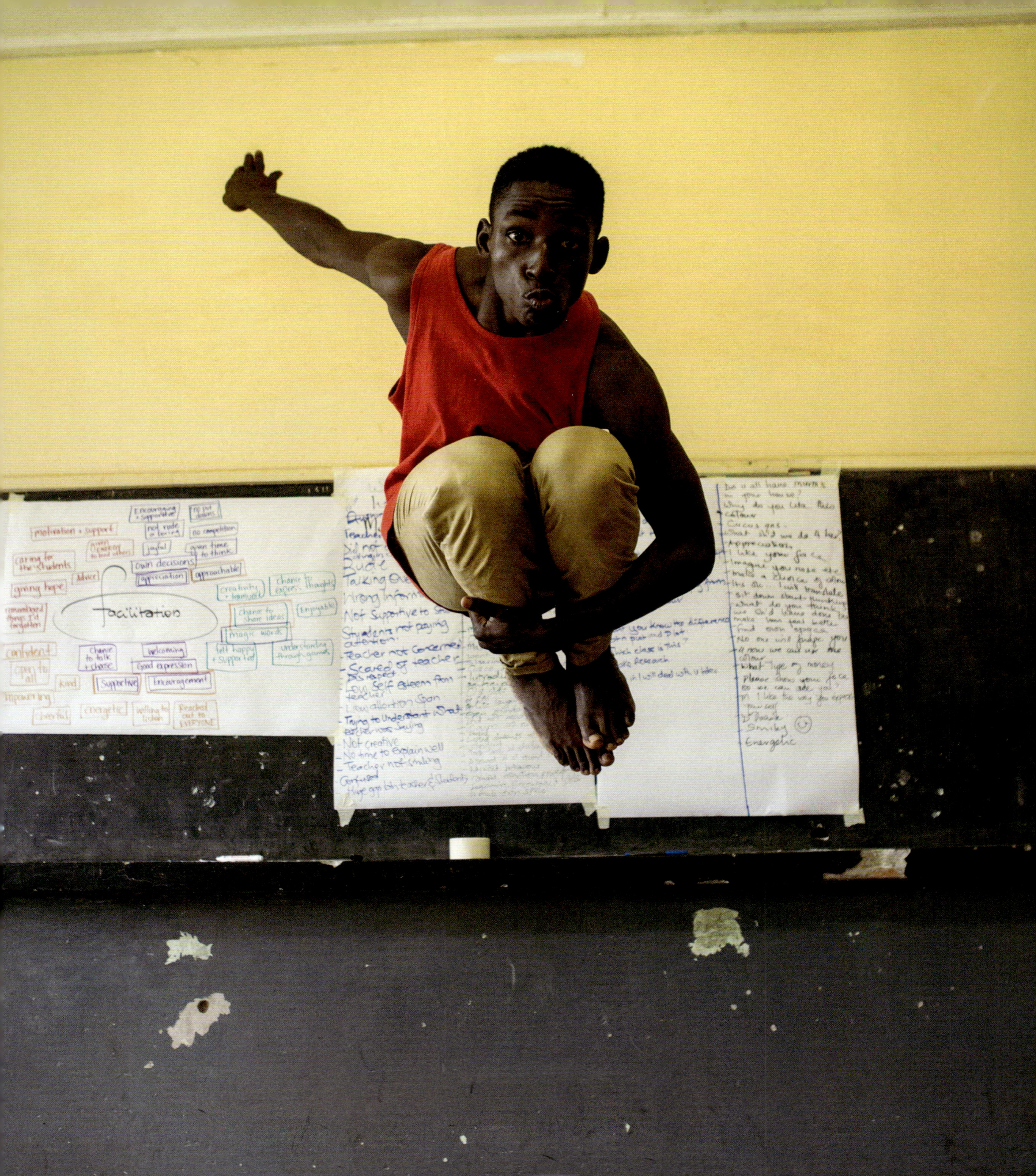

«El momento más feliz de mi vida es cuando empecé a bailar y vi que se me daba bien».

Hamis Zzy, 18 años, vive en el gueto de Nsambya, Kampala.

"The happiest moment of my life was when I started dancing and I realised I was good at it."

Hamis Zzy, aged 18, lives in the Nsambya ghetto in Kampala.

El salto de Hamis.
Hamis' leap.

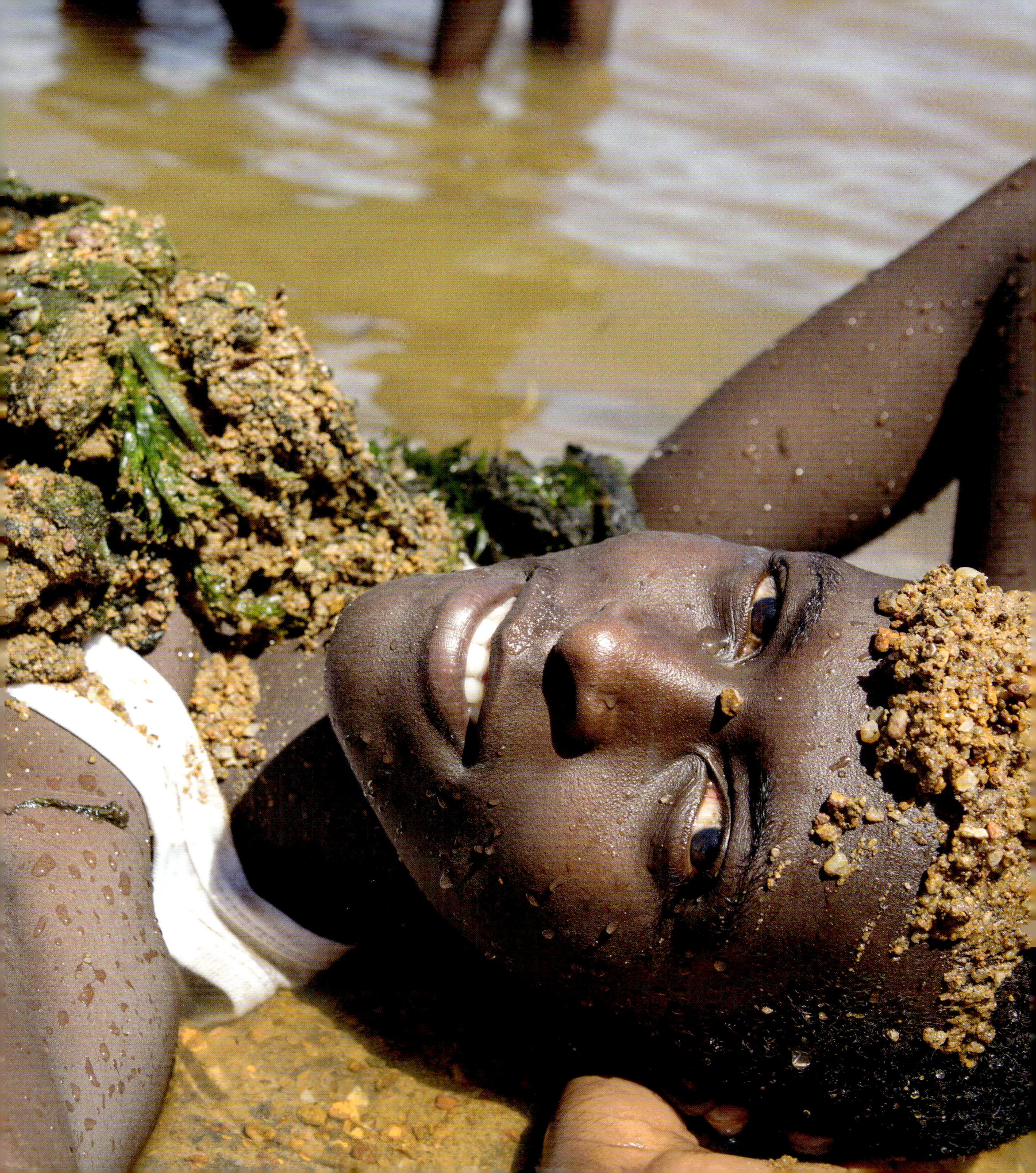

El arte inspira, estimula
y satisface: educación
imaginativa, un gran
comienzo para construir
una sociedad mejor.

Art inspires, stimulates
and satisfies: imaginative
education is a great start for
building a better society.

Muyuni Isaac Diaz Oscar. Lago Victoria, 2014.
Muyuni Isaac Diaz Oscar. Lake Victoria, 2014.

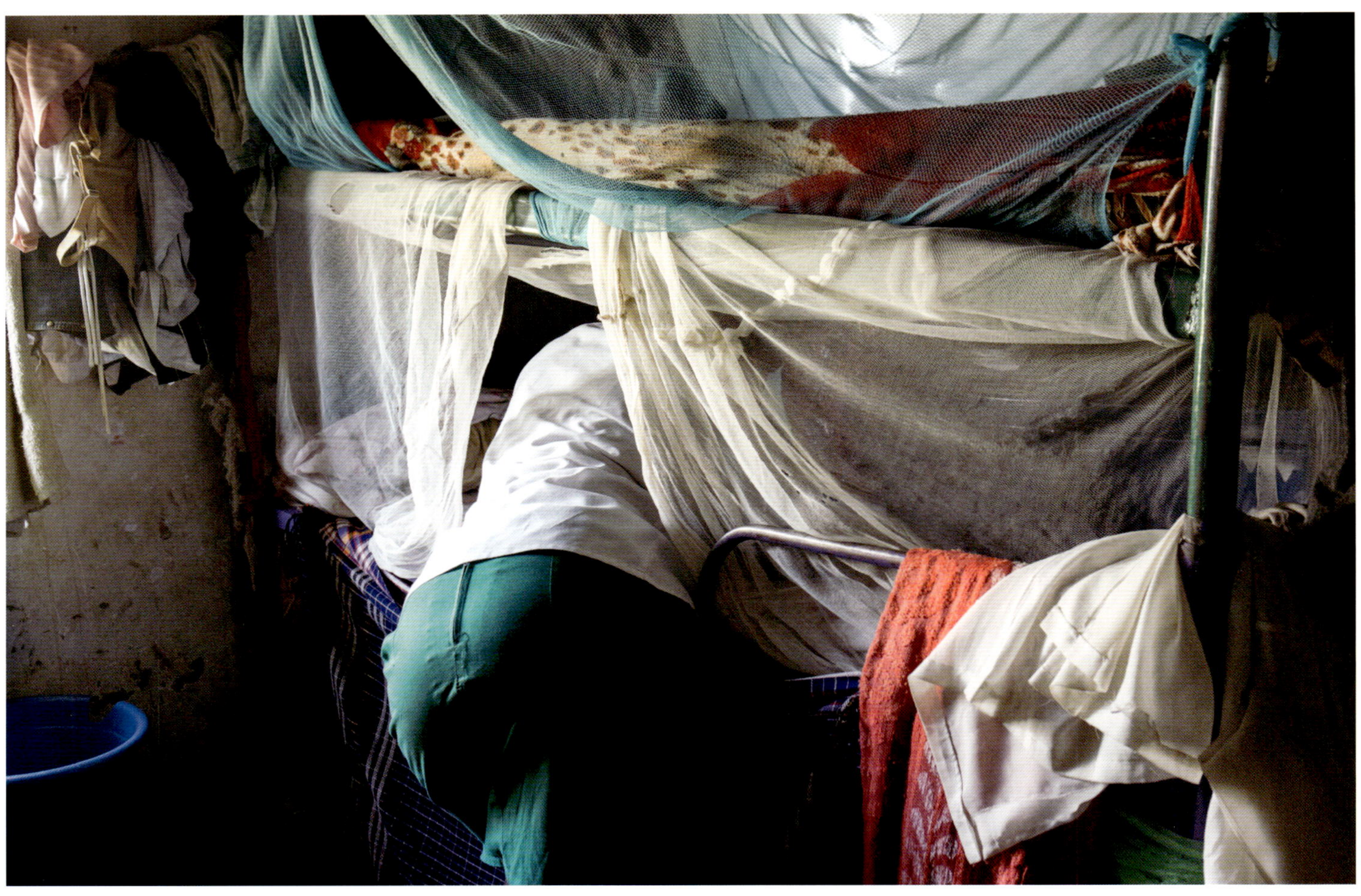

Amung Betty. Hope North, 2014.

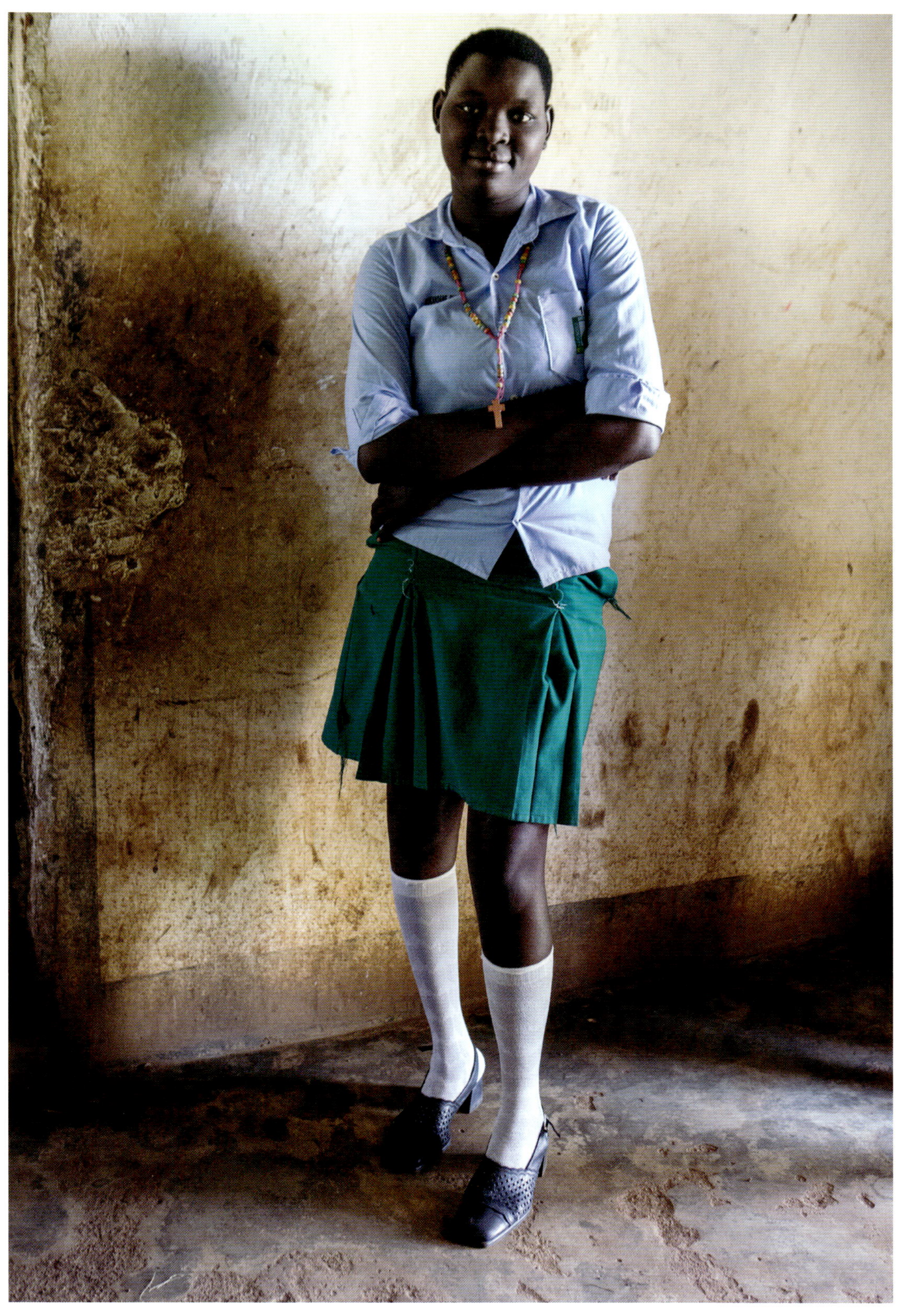

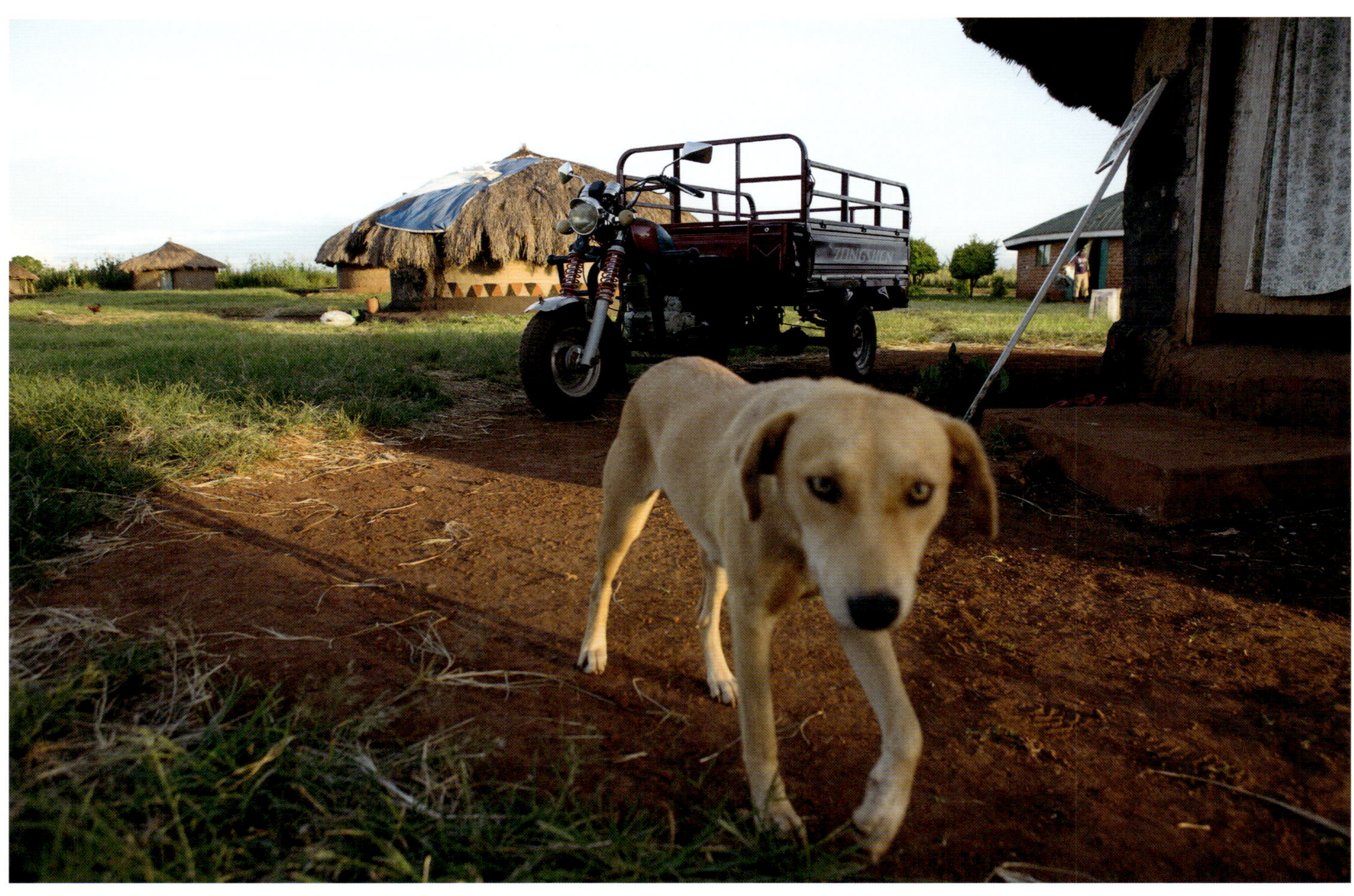

Hope North, 2014.

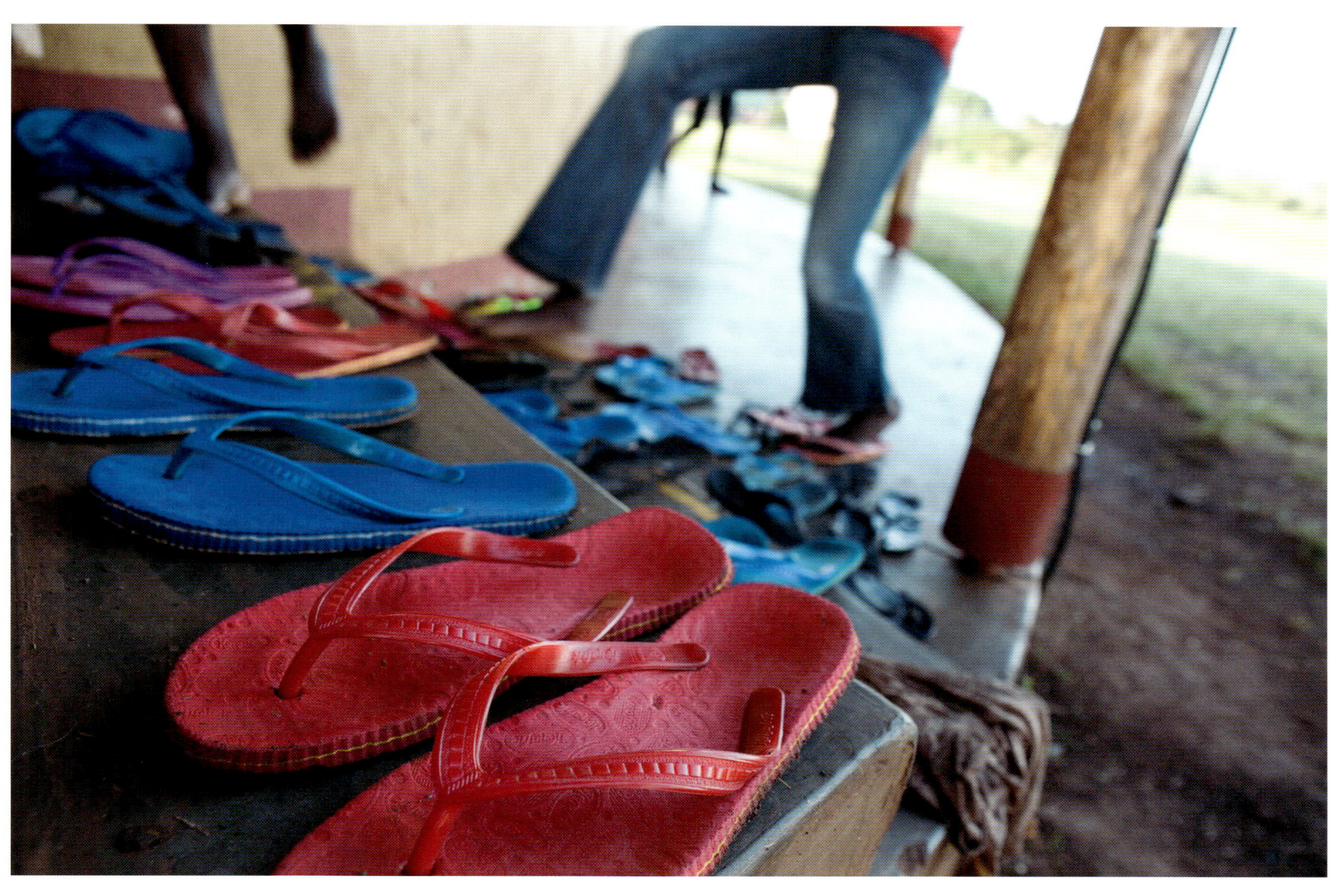

Sparrow

El sueño de Lubega Peter «Sparrow» es llenar las paredes de Uganda de grafitis. Fundador de Monk 256, un grupo de jóvenes grafiteros, lleva cuatro años desarrollando street art, intentando generar un impacto en la sociedad ugandesa con esta disciplina artística y creando comunidad con otros artistas que tienen intereses similares.

Lubega Peter "Sparrow" dreams of filling Uganda's walls with graffiti art. Founder of Monk 256, a group of young graffiti artists, he has been involved in street art for four years, trying to make an impact on Ugandan society with this artistic discipline and creating a sense of community with other artists who have similar interests.

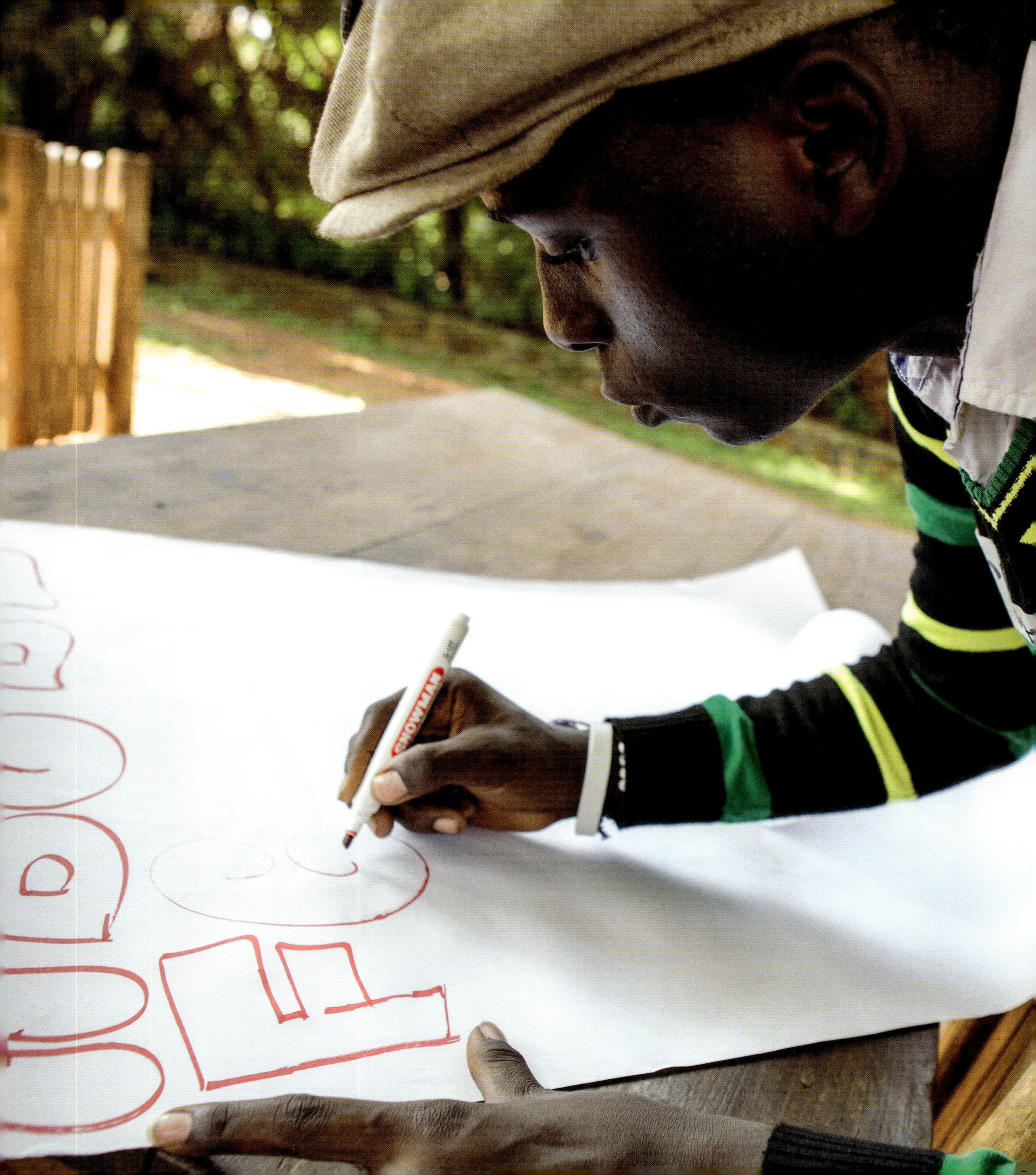

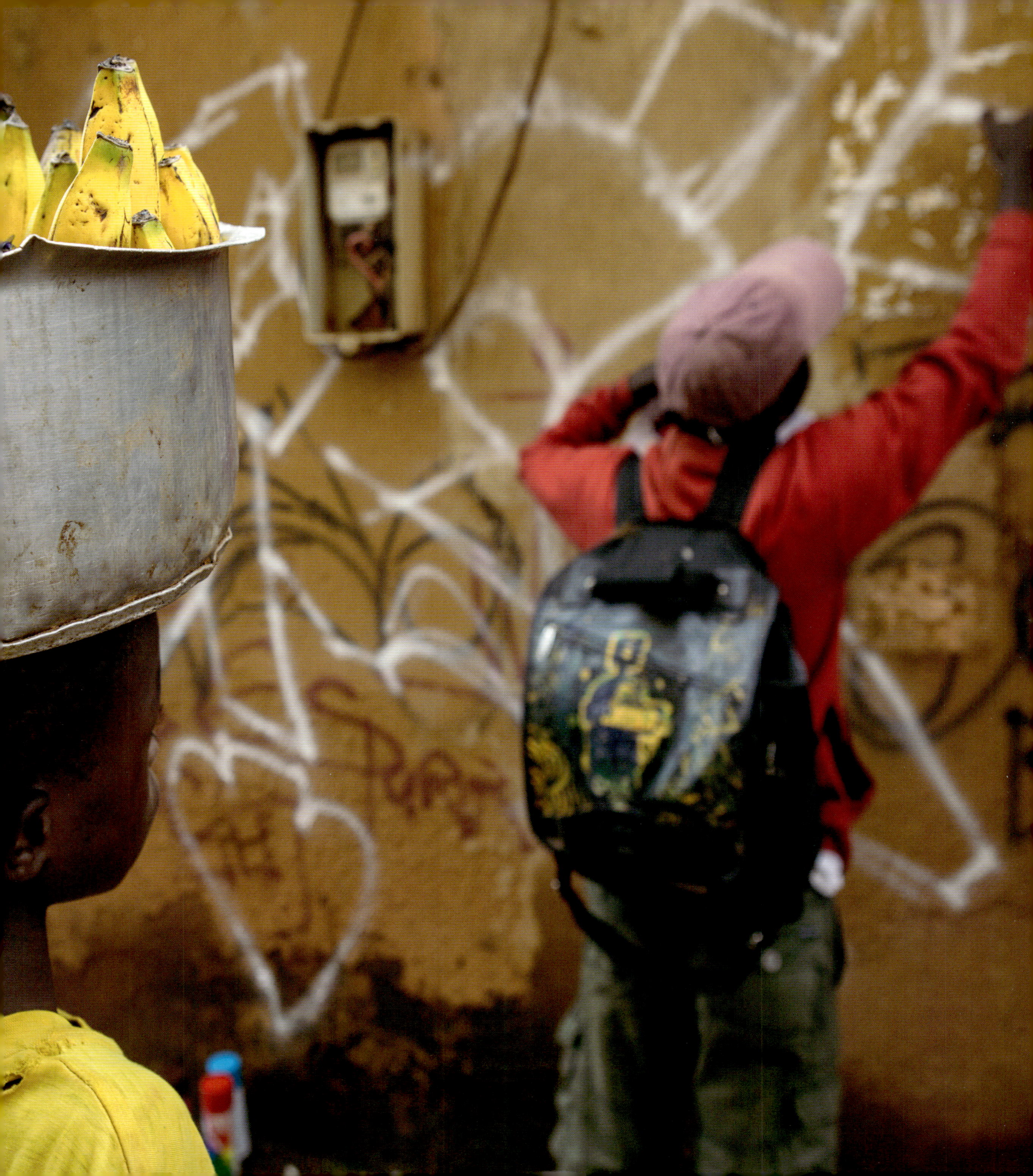

«Pinto paredes porque me divierte y también para llamar la atención sobre problemas de la sociedad, como la falta de respeto o el maltrato».

Sparrow, 18 años, vive en el gueto de Kibuli.

"I paint walls because it's fun and also to attract people's attention to social problems, like lack of respect and abuse."

Sparrow, aged 18, lives in the Kibuli ghetto.

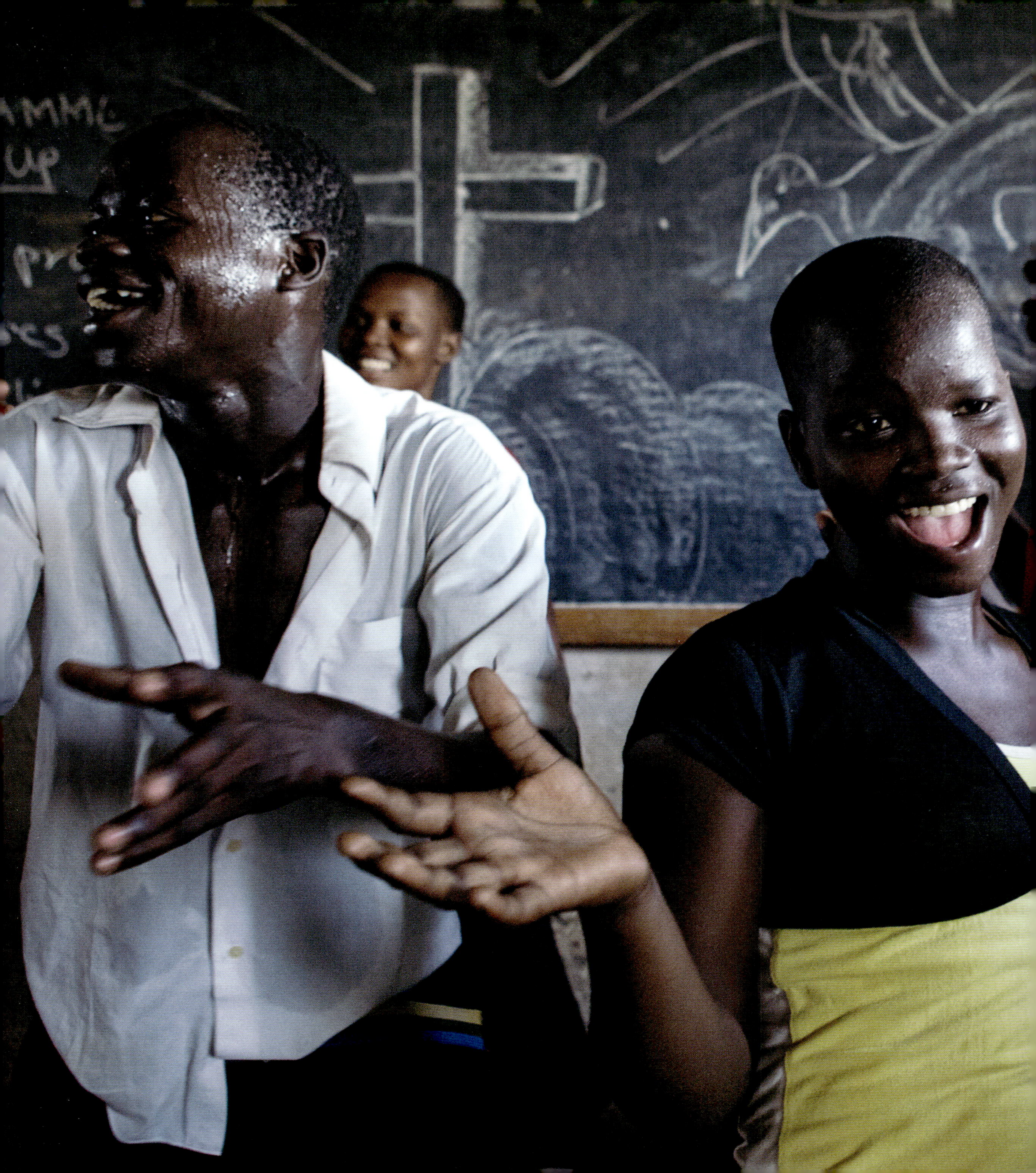

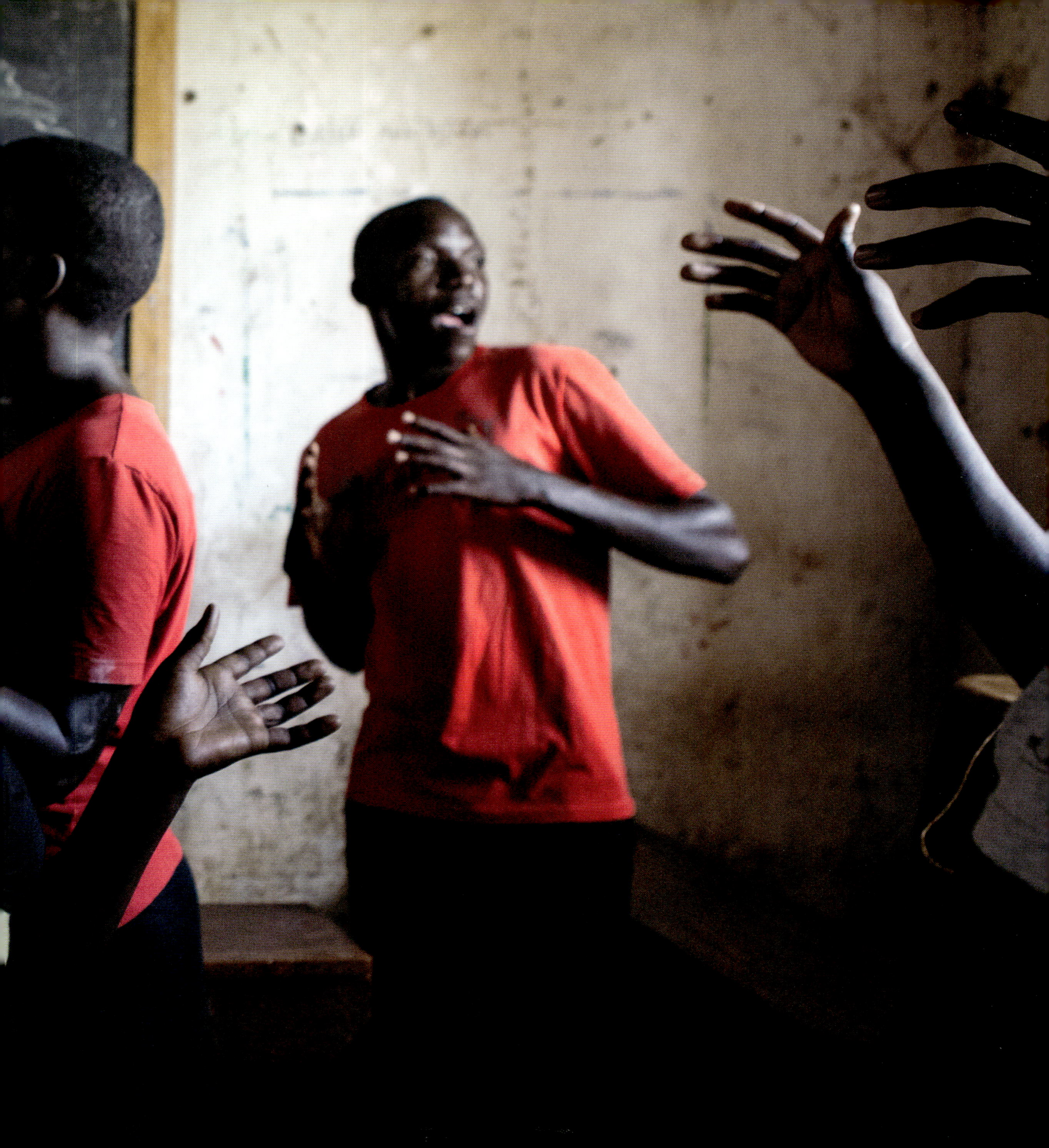

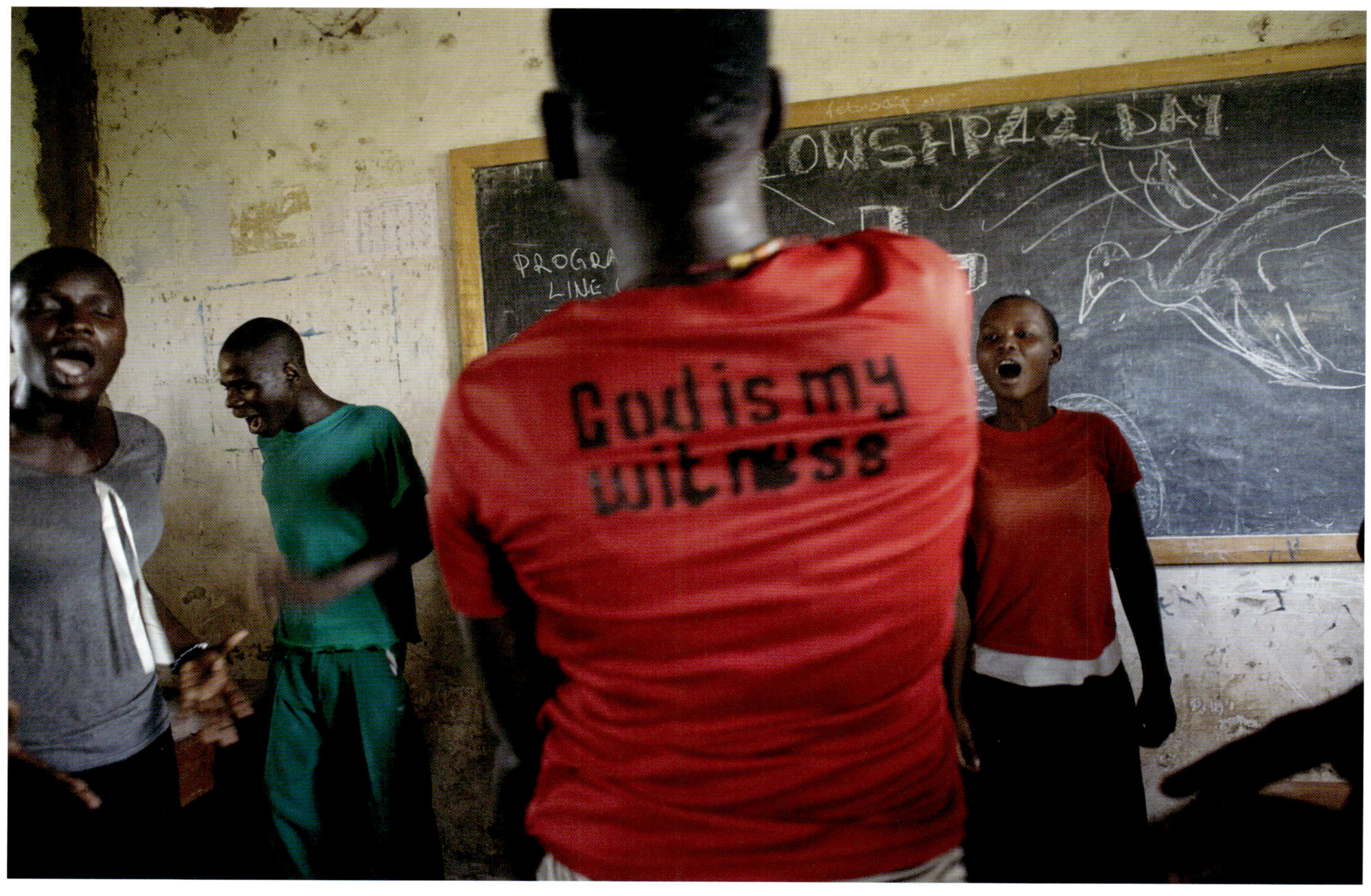

Jóvenes de Hope North (Bweyale, norte de Uganda)
celebran un acto religioso dentro de una de sus aulas.
Young people in Hope North (Bweyale, northern Uganda)
hold a religious service in one of the classrooms.

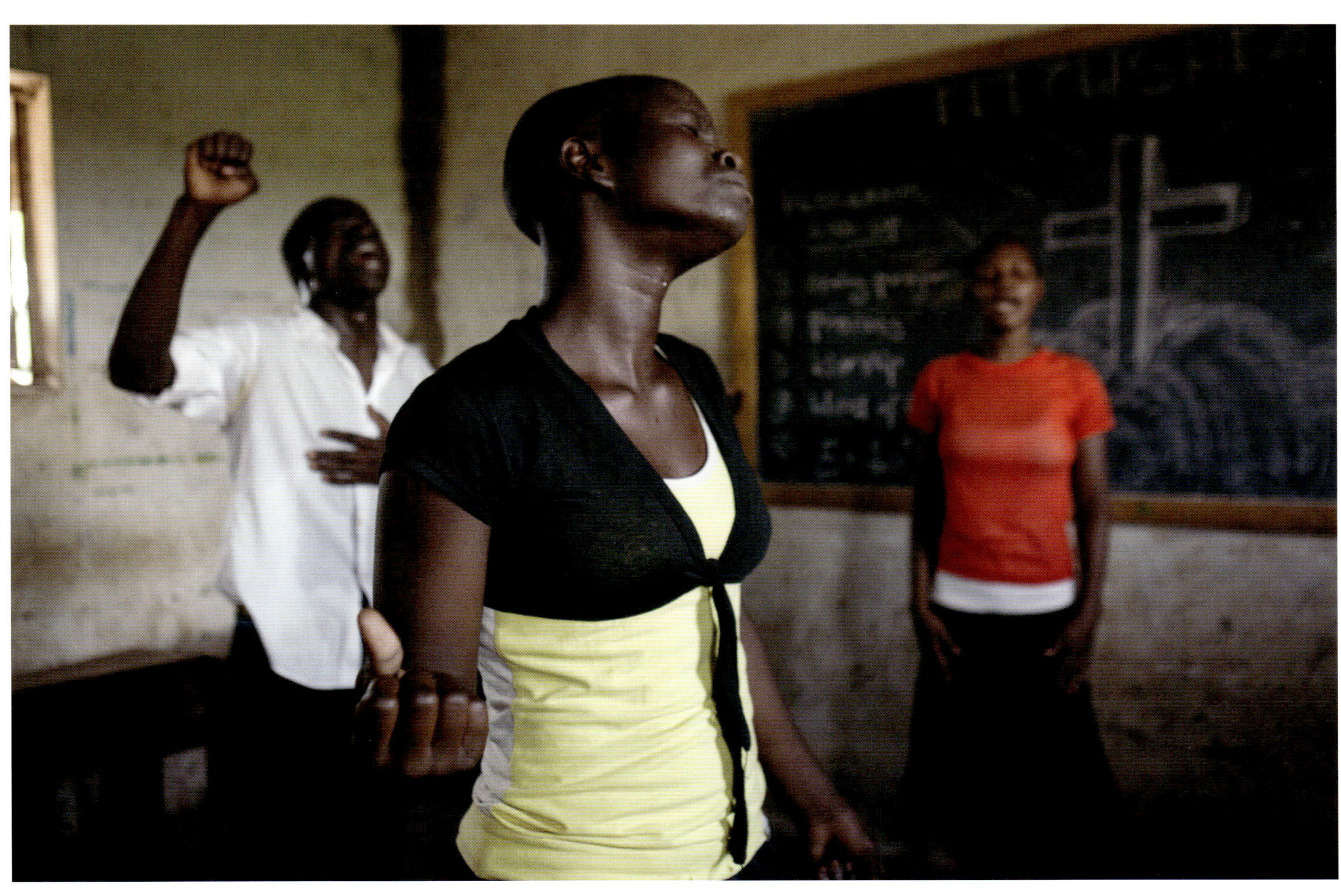

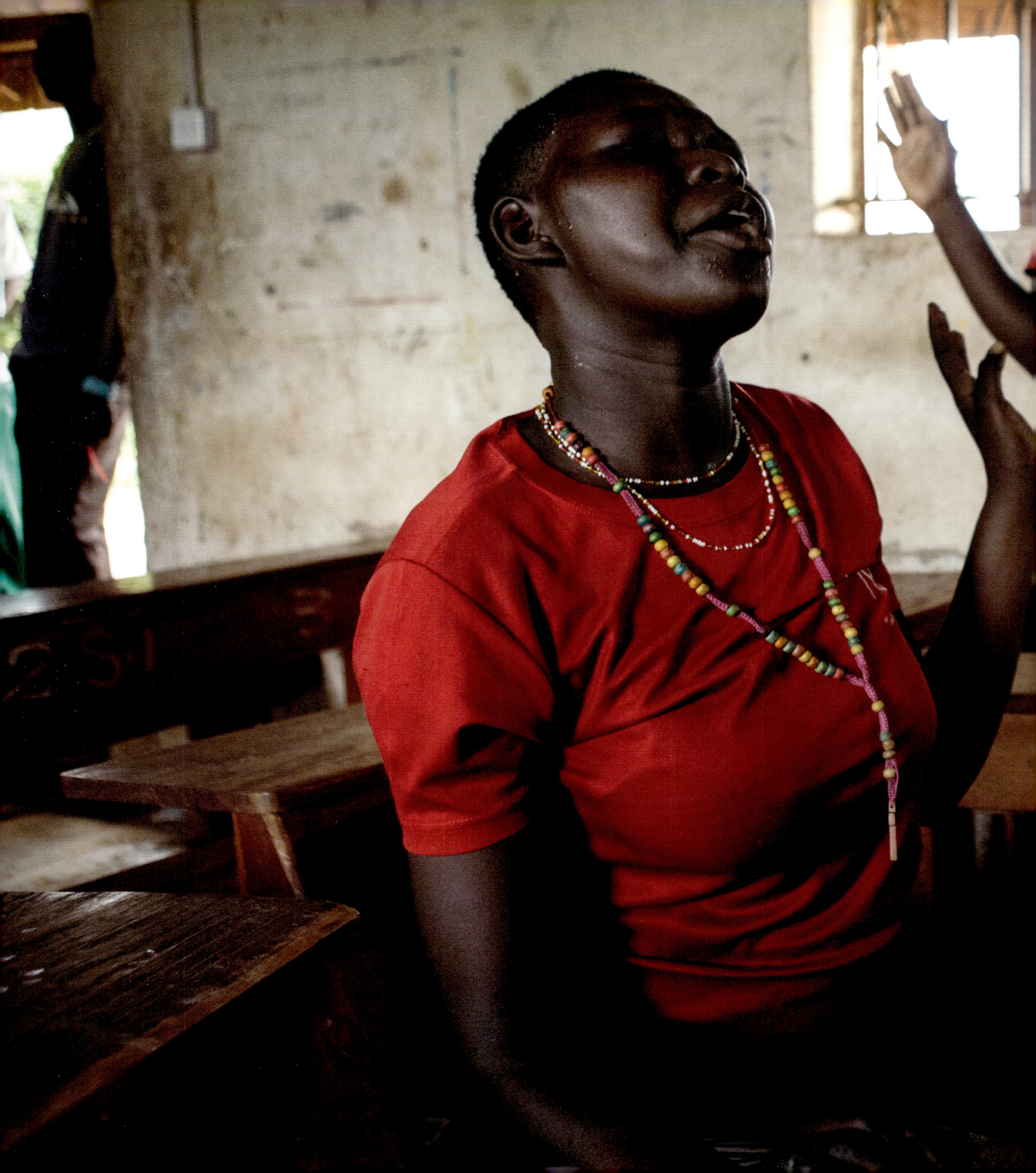

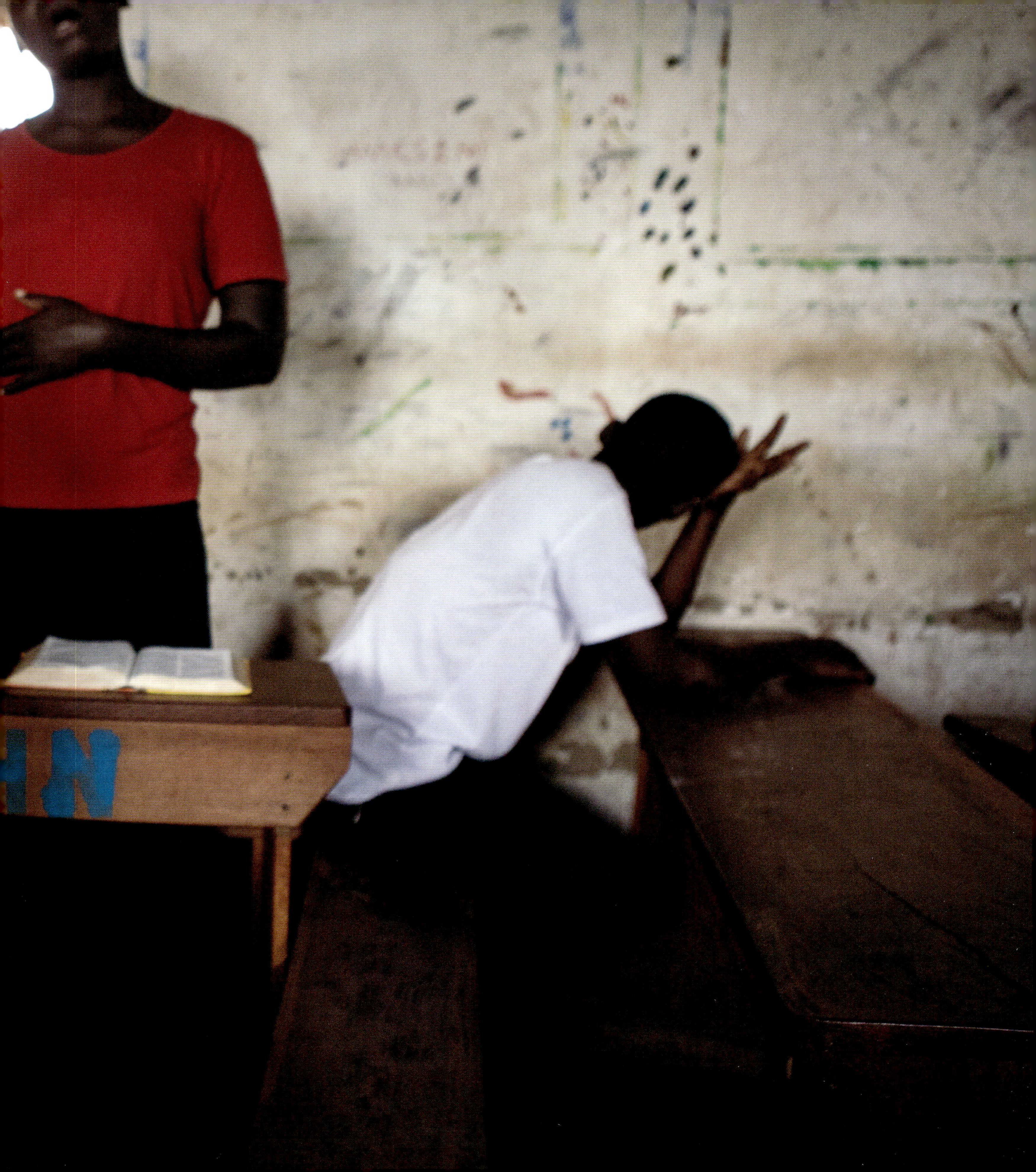

Eric

Eric Egesa empezó a bailar breakdance a los doce años; sus padres no podían pagar el colegio, pero gracias a los pequeños ingresos por sus actuaciones pudo terminar sus estudios. Hoy es bailarín y profesor de danza en la Escuela Internacional de Kampala. Junto a su colega Fahadhi Kiryowa, también es uno de los protagonistas del documental *Shake the Dust*, dirigido por Adam Sjöberg, sobre la importancia del baile como vehículo universal de expresión. En septiembre de 2014, viajó a los Estados Unidos para asistir al estreno del documental, un sueño hecho realidad.

Eric Egesa began doing breakdance at the age of twelve. His parents could not afford school fees, but the small income he made from performing meant he could complete his studies. Today he is a dancer and dance teacher at the International School in Kampala. With his dude Fahadhi Kiryowa, he also features in the documentary film *Shake the Dust*, directed by Adam Sjöberg, on the importance of dance as a universal form of expression. In September 2014 he travelled to the United States to attend the première of the documentary, a dream come true for him.

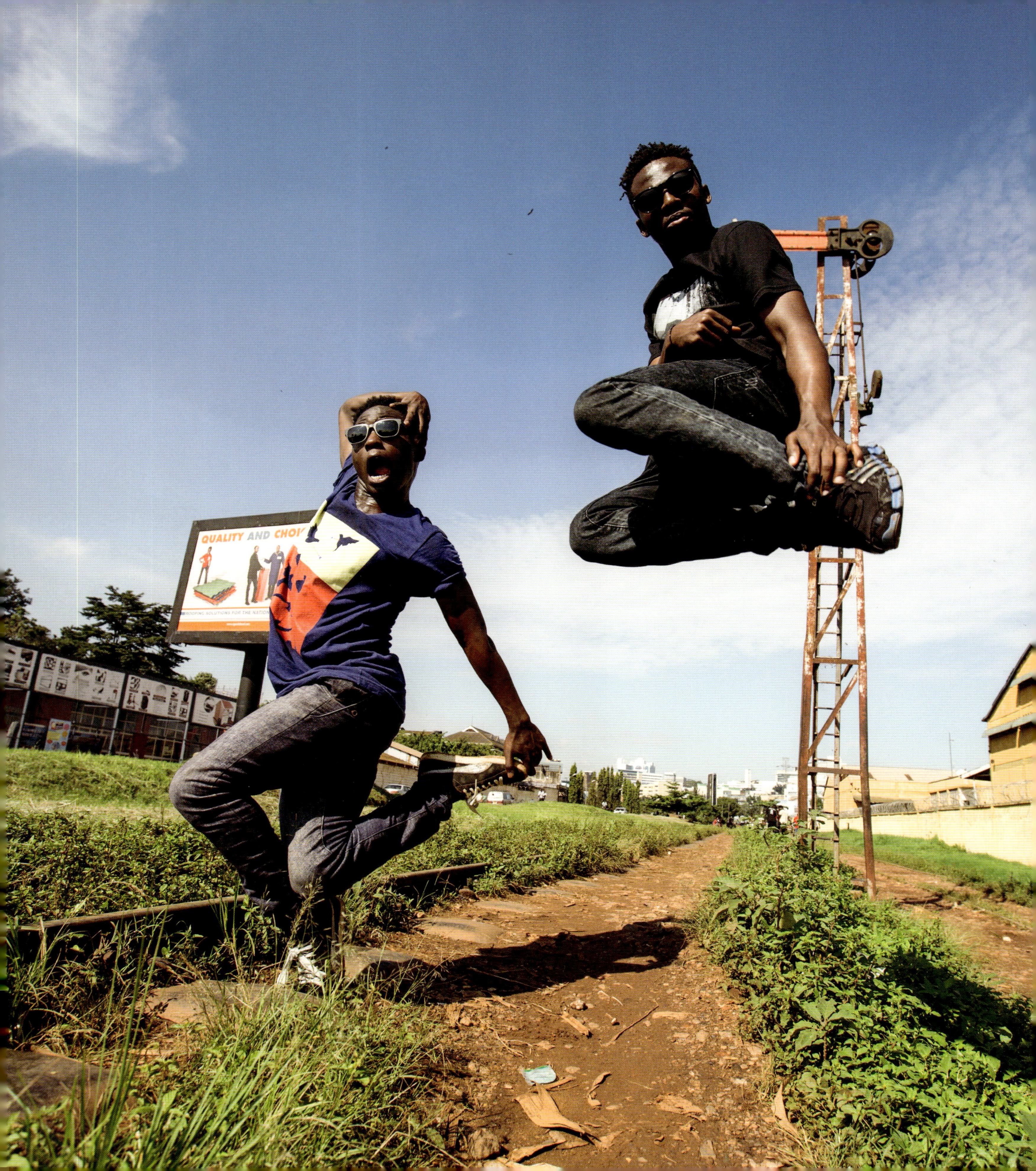

QUALITY AND CHOICE

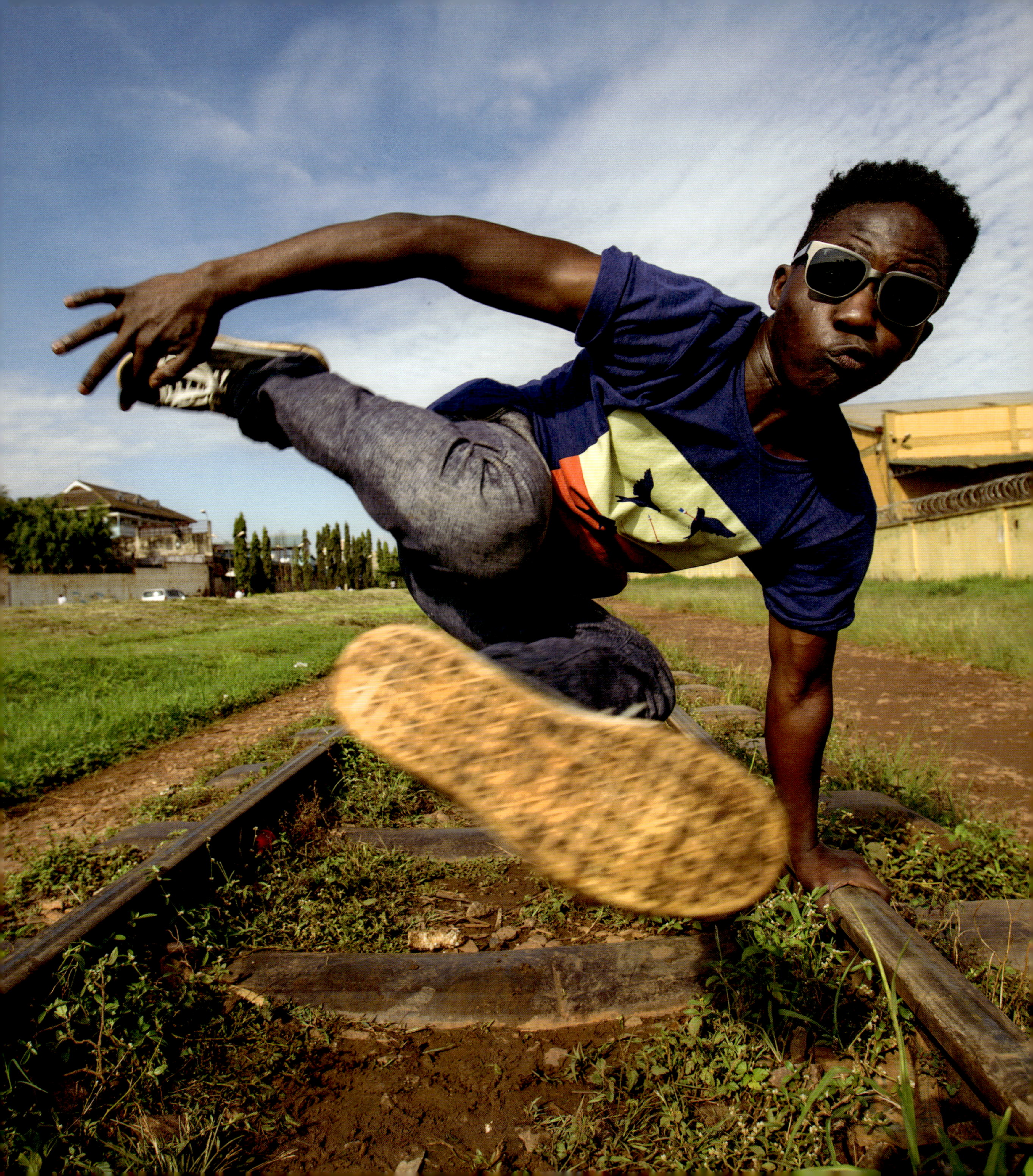

«En el hip hop hay mucho respeto, entrenamos en grupo y ahora mis compañeros son mi familia. Es muy inspirador trabajar en equipo».

Eric Egesa, 15 años.

"In hip hop there's a lot of respect, we train as a group and now my colleagues are my family. Working as a team is very inspiring."

Eric Egesa, aged 15.

El salto de Eric.
Eric's leap.

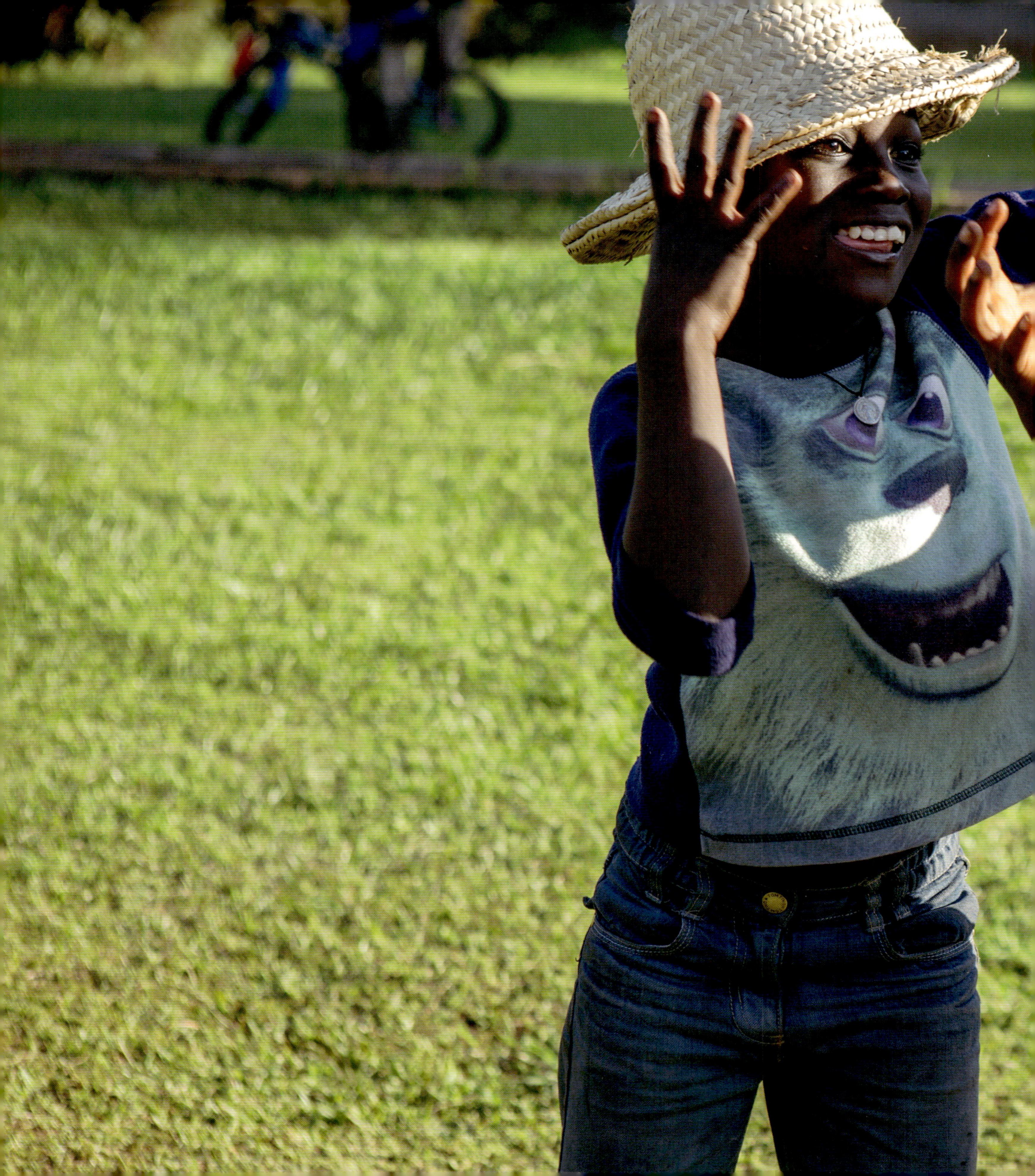

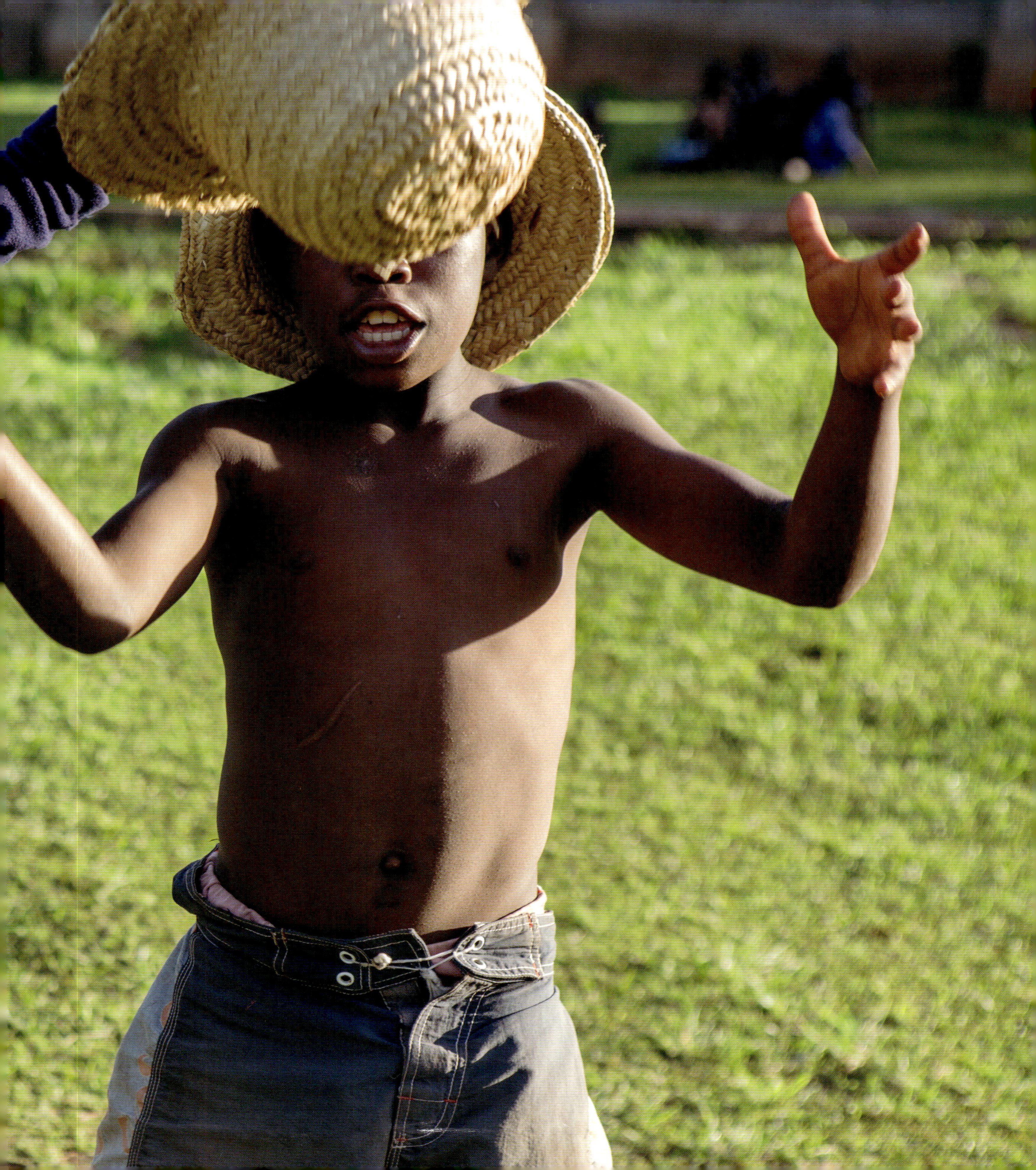

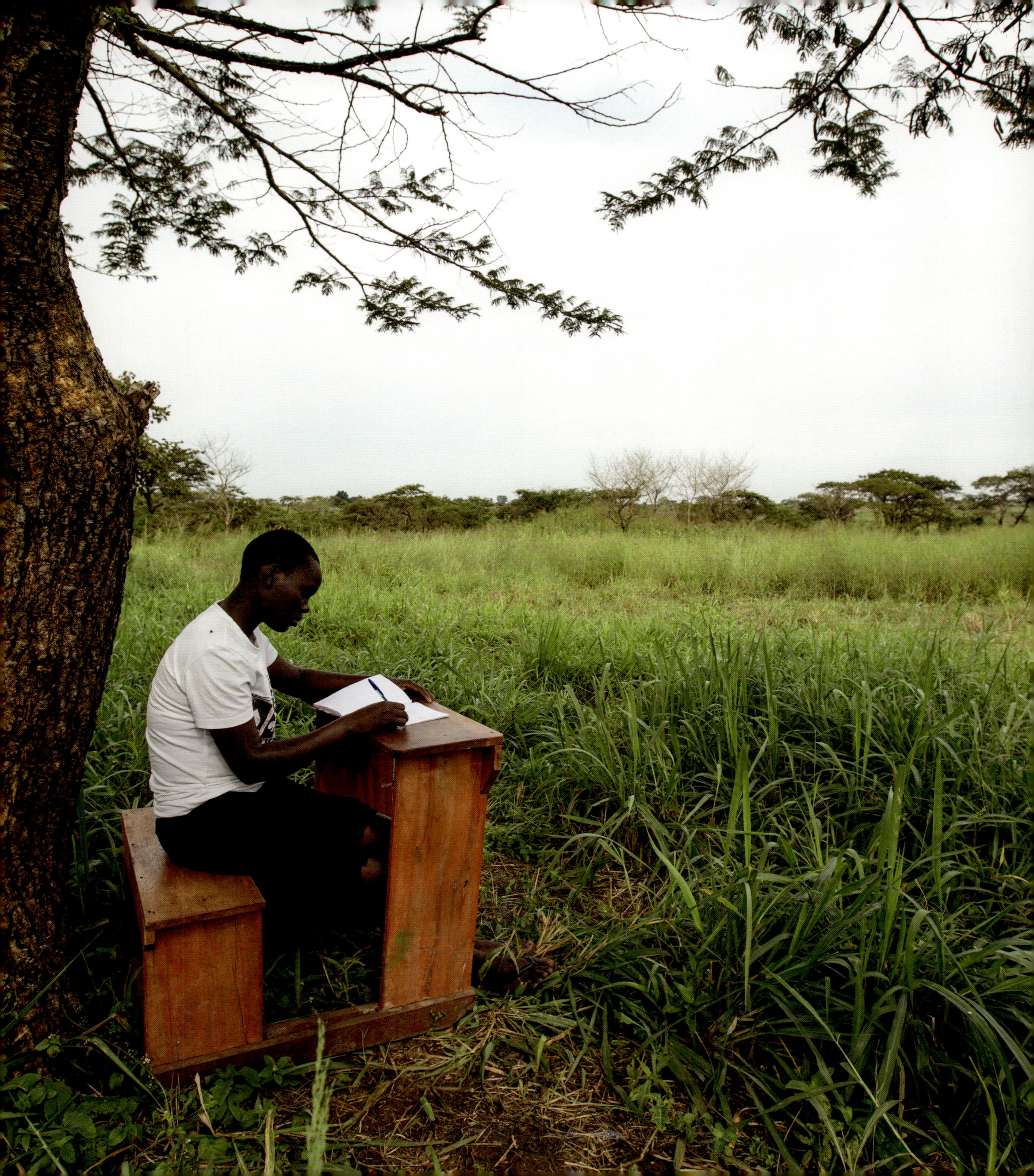

Datos estadísticos de Uganda
Nombre oficial:
República de Uganda
Población:
37.101.745 de personas
Capital:
Kampala
Densidad de población:
152,27 habitantes por km^2
Esperanza de vida:
54,9
Tasa de mortalidad infantil:
59,2 por mil
Índice de desarrollo humano (IHD):
puesto 164 de 187 países
Tasa de fertilidad:
5,9 hijos por mujer

(Datos de 2014, obtenidos del Informe sobre Desarrollo Humano
PNUD 2014 y The World Factbook CIA 2015)

Statistical data Uganda
Oficial name:
Republic of Uganda
Population:
37,101,745 people
Capital:
Kampala
Population density:
152.27 inhabitants per km^2
Life expectancy:
54.9
Infant mortality rate:
59.2 per thousand
Human Development Index (HDI):
ranked 164 out of 187 countries
Fertility rate:
5.9 children per woman

(2014 data, from the Human Development Report UNDP 2014
The CIA World Factbook 2015)

In Movement

In Movement: Art for Social Change is an NGO established in 2006 by Begoña Caparrós, who has been at its helm since then. Driven by the deep conviction, following years working and studying in Central America and San Francisco, of the importance of the development of creativity, imagination and expression in human beings, especially in people who have lived in traumatizing environments, the organization traces its first roots back to 2003, when a pilot project first came to be.

Based in the capital of Uganda and the northern part of the country, the NGO used dance, theater, music, plastic arts, creative writing and circus arts to create a vital space of personal reassertion and social integration for the youth. Thus, it built an art center in Kampala, which has become a meeting place—thanks to the network it has developed with local and international organizations—in which young people perform and exhibit their art, getting in return the recognition of the public, which they consider to be the best possible therapy for reassertion.

The NGO's goals have been achieved with the implication of local artists who teach the youngsters, and with the commitment of a team of people in Uganda and Spain who keep this project going day after day. There are many anecdotes and comments about In Movement—this is just one of them: "I like In Movement because they allow us to paint pumpkins purple or any other color we feel like painting them. At school they beat us or tell us off if they're not orange."

In Movement: Arte para el Cambio Social es una ONG fundada por Begoña Caparrós, en 2006, quien la preside desde entonces. Motivada por la profunda convicción, tras años de trabajos y estudios en Centroamérica y en San Francisco, de la importancia del desarrollo de la creatividad, la imaginación y la expresión en el ser humano, especialmente en personas que han vivido en entornos traumatizantes, comenzó su andadura en 2003 con un proyecto piloto.

Concentrada en la capital y el norte de Uganda, la ONG utilizó la danza, el teatro, la música, las artes plásticas, la escritura creativa y las artes circenses para crear un espacio vital de reafirmación personal e integración social de jóvenes. Se construyó un espacio de arte en Kampala que se ha convertido en un lugar de encuentro, gracias a los lazos creados con organizaciones locales e internacionales, donde los jóvenes practican y exhiben su arte, recibiendo el aplauso de un público como la mejor terapia de reafirmación posible.

Los objetivos de la ONG se han conseguido con la implicación de artistas locales que enseñan a los jóvenes, y al compromiso de un equipo de personas en Uganda y España capaces de hacer que este proyecto funcione día a día. Son muchas las anécdotas y comentarios sobre In Movement, como esta: «Me gusta In Movement porque nos dejan pintar las calabazas de morado o del color que queramos. En el colegio nos pegan o nos regañan si no son naranjas».

More information: www.inmovement.org

Más información: www.inmovement.org

Ana Palacios

Ana Palacios is a journalist and photographer. She studied information sciences in Pamplona, followed by film and photography in Los Angeles, where she lived for several years. She was born in Zaragoza and currently lives in Madrid. She worked as a journalist for the newsroom at Antena 3 Televisión, she has run communications departments, and for more than ten years she has been working as a film production coordinator, particularly on international co-productions. She has worked with directors such as Ridley Scott, Milos Forman, Tony Kaye, Michael Radford, Jim Jarmusch and Roman Polanski.

Between films, she produces documentary photography, always in connection with development cooperation projects in Asia and Africa. Her photographs raise awareness of childhood and women's issues for various NGOs, including Manos Unidas, África Directo and In Movement. She photographs the world's broken places: orphanages, asylums, hospitals, psychiatric units, ghettoes and the like. Her intention is to make vulnerable communities visible with a sense of optimism and hope. She has lived alongside homeless women in India, lepers in China, albinos in Tanzania, tribes in Ethopia, pygmies in Burundi and children at risk of social exclusion in Uganda, who have become the subjects of some of her work.

She is represented by Espacio Foto Gallery and she works with Gea Photowords, and is also a contributing writer for *El País* newspaper, for travel blogs and for cultural publications.

More information about her career is available on her web site:
www.ana-palacios.com

Ana Palacios es periodista y fotógrafa. Estudió Ciencias de la Información en Pamplona y, después, Cine y Fotografía en Los Ángeles, donde vivió varios años. Nacida en Zaragoza, actualmente reside en Madrid. Ha ejercido el periodismo en informativos de Antena 3 Televisión, ha dirigido gabinetes de comunicación y, desde hace más de diez años, trabaja como coordinadora de producción de cine, sobre todo en coproducciones internacionales. Ha trabajado con directores como Ridley Scott, Milos Forman, Tony Kaye, Michael Radford, Jim Jarmusch o Roman Polanski.

Entre película y película, hace fotografía documental siempre vinculada a proyectos de cooperación al desarrollo en Asia y África, relacionados con la mujer y la infancia para diversas ONG como Manos Unidas, África Directo o In Movement. Fotografía las esquinas rotas del mundo: orfanatos, asilos, hospitales, psiquiátricos, guetos… Su intención es visibilizar comunidades vulnerables, desde el optimismo y la esperanza. Ha convivido con mujeres desahuciadas en India, leprosos en China, albinos en Tanzania, tribus de Etiopía, pigmeos en Burundi o niños en riesgo de exclusión social en Uganda, que se han convertido en los protagonistas de algunos de sus trabajos.

Le representa la galería Espacio Foto, colabora con Gea Photowords y también escribe para *El País*, blogs de viajes y publicaciones culturales.

Se puede encontrar más información sobre su trayectoria en
www.ana-palacios.com

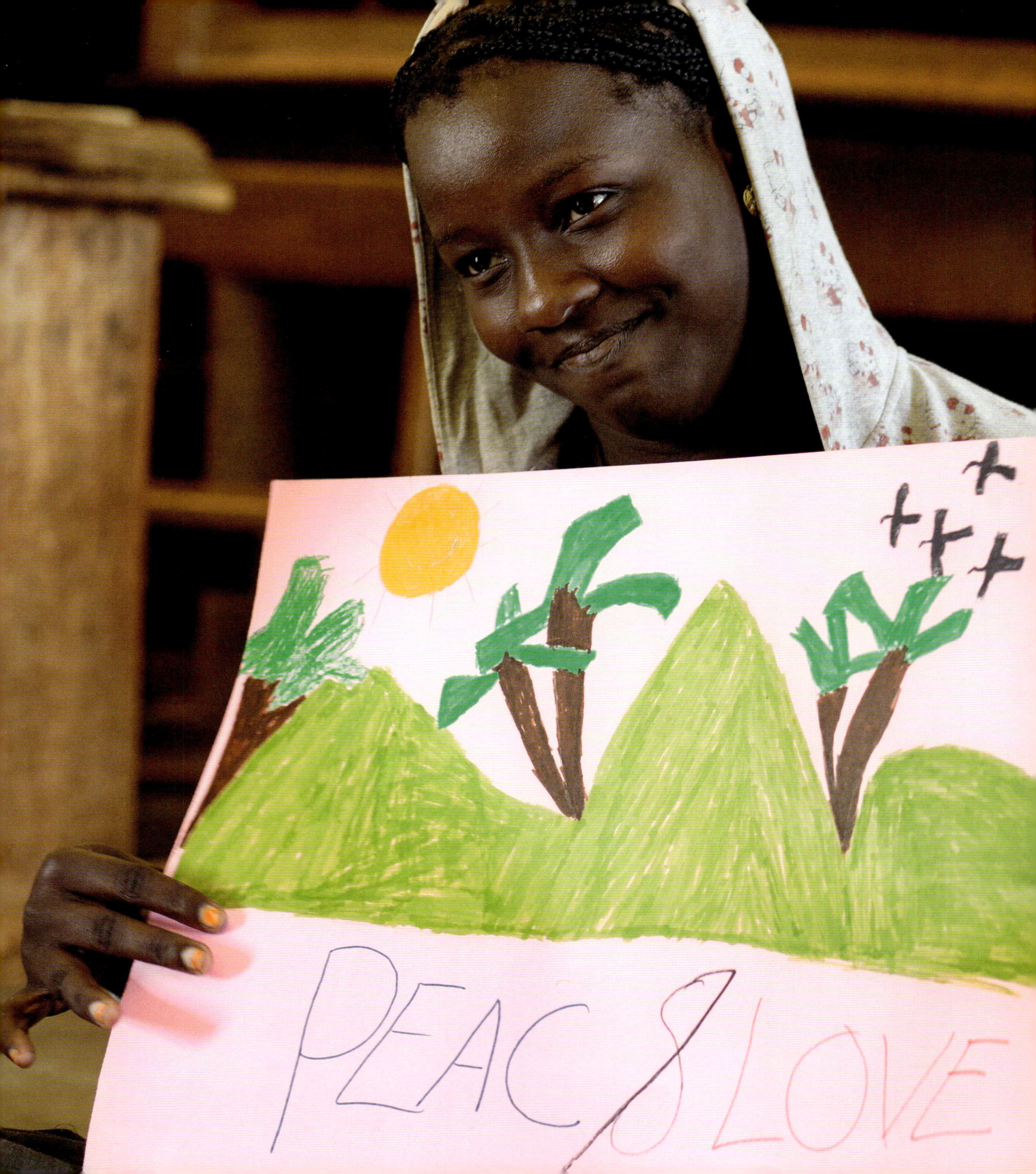

PEAC8LOVE

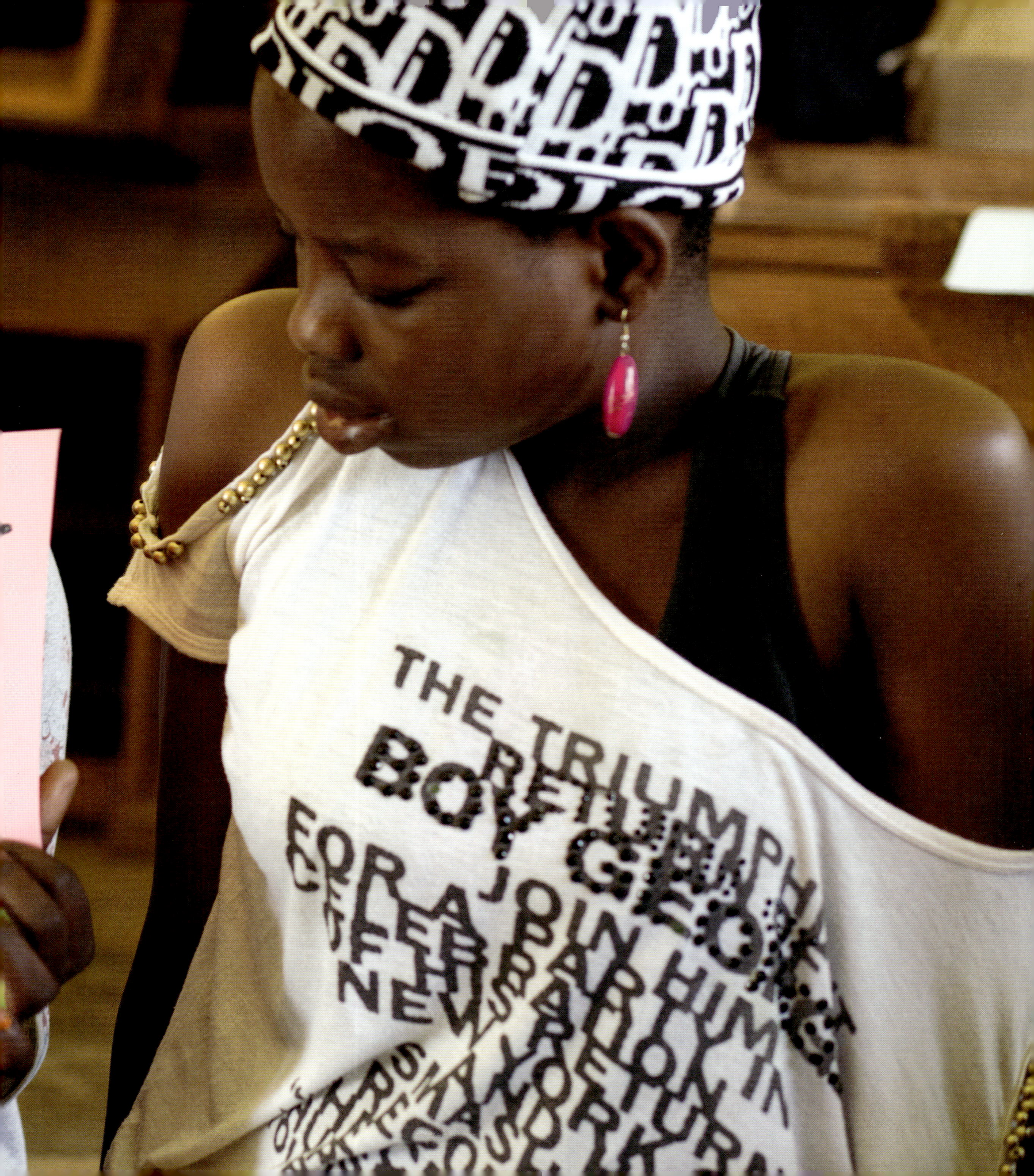

THE TRIUMPH
BOY GEORGE
FOR A JOIN HIM
CELEBRATION
NEW

Agradecimientos: A Lupe Escoto por construir este libro, a Javier Palacios por mimarlo, a Pablo Cuadrado, por su apoyo incondicional, a Paco Junquera por sus sabios consejos, a mi padre por estar siempre y, en especial, a mi madre, que ya no podrá disfrutarlo.

Acknowledgments: To Lupe Escoto, for building this book, to Javier Palacios, for pampering it, to Pablo Cuadrado, for his unconditional support, to Paco Junquera, for his wise advice, to my father, for always being there, and especially to my mother, who will no longer be able to enjoy it.

Página siguiente: El salto de Mercy.
Next page: Mercy's leap.

Edición / Edition
La Fábrica

Imágenes y textos / Images and texts
Ana Palacios

Coordinación y edición / Coordinator and copyeditor
Doménico Chiappe

Edición gráfica / Graphic editor
Alberto Salván

Diseño gráfico / Graphic designer
Tres Tipos Gráficos

Traducción / Translations
Verbalia

Fotomecánica / Reproductions
Museoteca

Impresión / Printing
Brizzolis

Encuadernación / Bound by
Encuadernación Ramos

© de esta edición / This edition: La Fábrica, 2015
© de los textos/ Texts: Ana Palacios
© del prólogo/ Prologue: Chema Caballero
© de las imágenes/ Images: Ana Palacios

ISBN
978-84-16248-18-6

Depósito Legal / Legal Deposit
M-28468-2015

La Fábrica

Director General / General Manager
Álvaro Matías

Directora editorial / Editorial Content Manager
Camino Brasa

Director de Desarrollo / Development Manager
Fernando Paz

Director de Producción / Production Manager
Rufino Díaz

Distribución / Distribution
Raúl Muñoz

LA FABRICA

Presidente / President
Alberto Anaut

Verónica, 13
28014 Madrid
T. +34 91 360 13 20
edicion@lafabrica.com
www.lafabrica.com

Ha sido impreso en papel Creator Silk 170 gr.

Has been printed on paper Creator Silk 170 gr.

Fotografía de cubierta / Cover illustration
Hamuza Primo. Lago Victoria, Uganda, 2014.

Con la colaboración de:

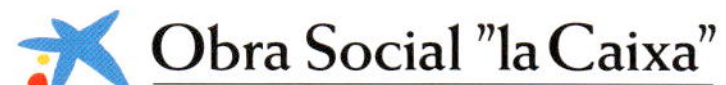
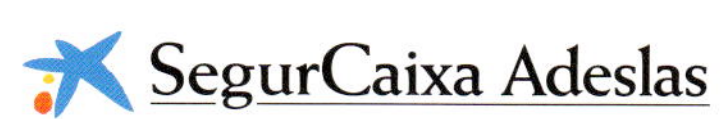
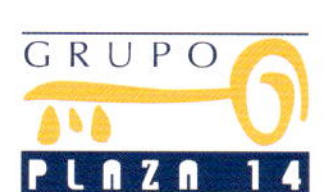
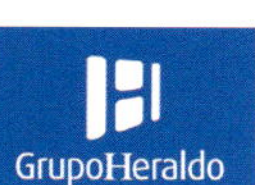

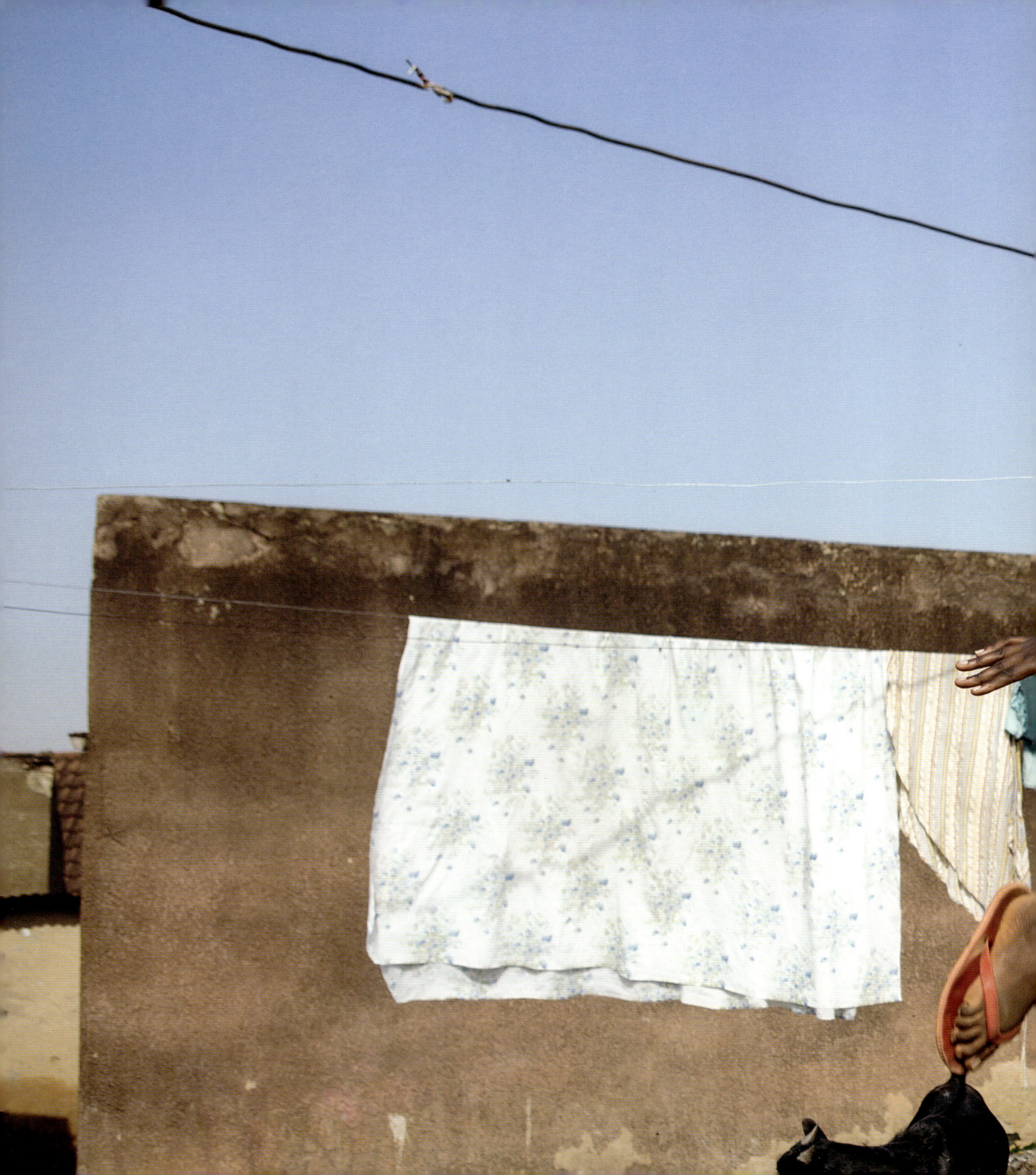

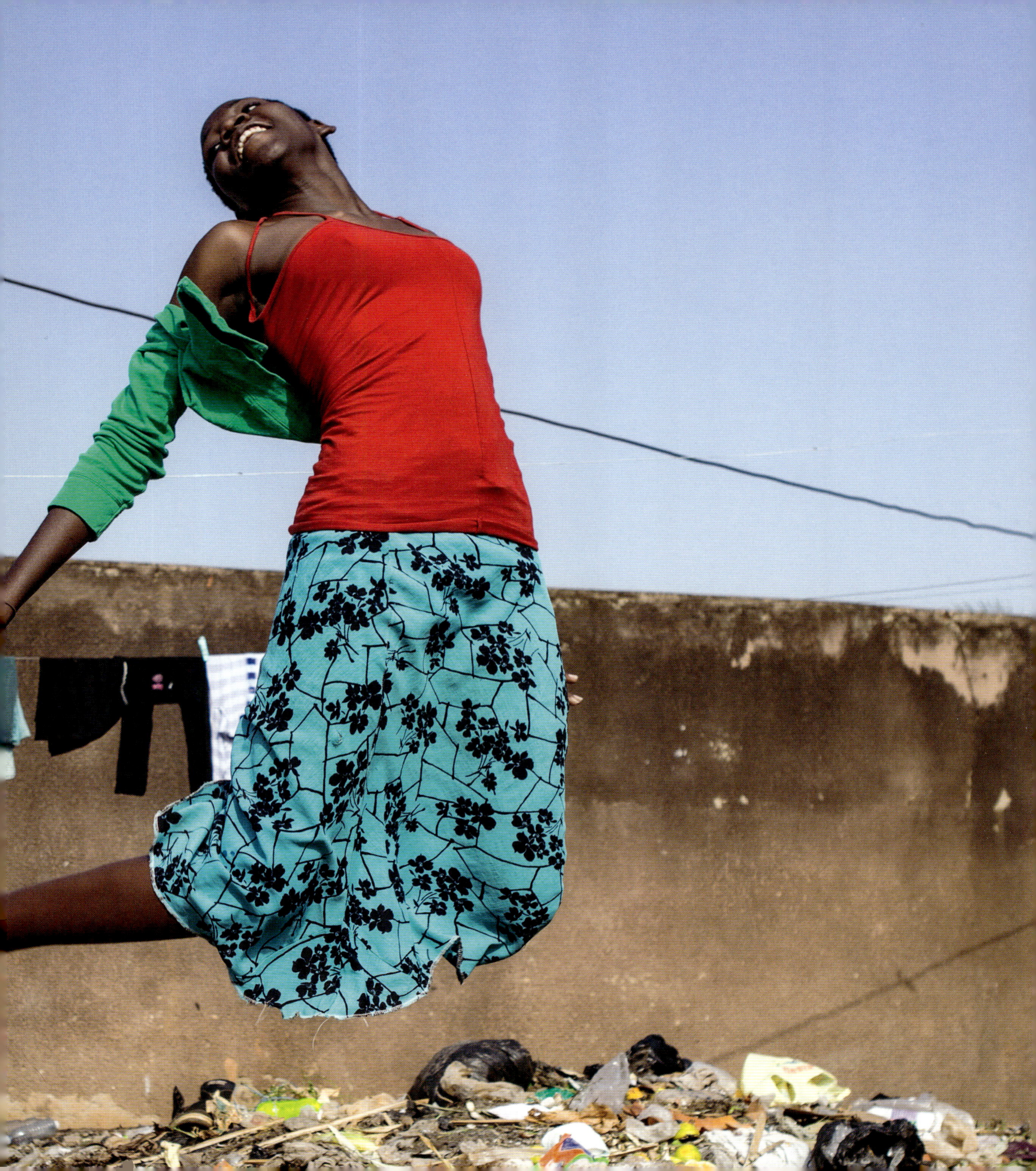